悦读悦好

经典润泽心灵
文学点亮人生

读一本好书
点亮一盏心灯
用经典之笔
打好人生底色
与名著为伴
塑造美好心灵

一本书像一艘船
带领我们从狭隘的地方
驶向人生的无限广阔的海洋

循序渐进地
阅读方法

伴随孩子成
经典文学
彩色美绘本
JING DIAN WEN XUE

权威专家亲自审订 一线教师倾力加盟

BAIJIAXING

教育部推荐
语文新课标必读丛书

博尔/选编

百家姓

重庆出版集团 重庆出版社

图书在版编目（CIP）数据

百家姓 / 博尔选编. — 重庆：重庆出版社，2014.12（2018. 10重印）
ISBN 978-7-229-09202-3

Ⅰ.①百… Ⅱ.①博… Ⅲ.①古汉语 – 启蒙读物
Ⅳ.①H194.1

中国版本图书馆CIP数据核字(2014)第307367号

百家姓

博尔　选编

责任编辑：罗雪莲
装帧设计：文　利

 重庆出版集团 出版、发行
重庆出版社

重庆市南岸区南滨路162号1幢
邮政编码：400061　http://www.cqph.com
龙口市新华林文化发展有限公司印刷
全国新华书店经销

开本：710mm×1000mm　1/16　印张：9.75　字数：120千
2014年12月第1版　2018年10月第5次印刷
ISBN 978-7-229-09202-3
定价：30.00元

如发现质量问题，请与我们联系：（010）52464663

◎ 扬起书海远航的风帆 ◎

——写在"悦读悦好"丛书问世之际

　　阅读是中小学语文教学的重要任务之一。只有把阅读切实抓好了，才可能从根本上提高中小学生的语文水平。

　　青少年正处于求知的黄金岁月，必须热爱阅读，学会阅读，多读书，读好书。

　　然而，书海茫茫，浩如烟海，该从哪里"入海"呢？

　　这套"悦读悦好"丛书的问世，就是给广大青少年书海扬帆指点迷津的一盏引航灯。

　　"悦读悦好"丛书以教育部制定的《语文课程标准》中推荐的阅读书目为依据，精选了六十余部古今中外的名著。这些名著能够陶冶你们的心灵，启迪你们的智慧，营养丰富，而且"香甜可口"。相信每一位青少年朋友都会爱不释手。

　　阅读可以自我摸索，也可以拜师指导，后者比前者显然有更高的阅读效率。本丛书对每一部作品的作者、生平、作品特点及生僻的词语均作了必要的注释，为青少年的阅读扫清了知识上的障碍。然后以互动栏目的形式，设计了一系列理解作品的习题，从字词的认读，到内容的掌握，再到立意的感悟、写法的借鉴等，应有尽有，确保大家能够由浅入深、循序渐进地掌握科学阅读的基本方法。

　　本丛书为青少年学会阅读铺就了一条平坦的大道，它将帮助青少年在人生的路上纵马奔驰。

　　本丛书既可供大家自读、自学、自练，又可供教师在课堂上作为"课本"使用，也可作为家长辅导孩子学好语文的参考资料。

　　众所周知，阅读是一种能力。任何能力，都是练会的，而不是讲会的。再好的"课本"，也得靠同学们亲自费眼神、动脑筋去读，去学，去练。再明亮的"引航灯"，也只能起引领作用，代替不了你驾轻舟乘风破浪的航行。正所谓"师傅领进门，修行靠个人"。

　　作为一名语文教育的老工作者，我衷心地祝福青少年们：以本丛书升起风帆，开启在书海的壮丽远航，早日练出卓越的阅读能力，读万卷书，行万里路，成为信息时代的巨人！

　　高兴之余，说了以上的话，是为序。

人民教育出版社编审　张定远

原全国中语会理事长　2014.10 北京

◎ 悦读悦好 ◎

——用愉悦的心情读好书

很多时候，我们往往是有了结果才来探求过程，比如某同学考试得满分或者第一名，大家在叹服之余自然会追问一个问题——他（她）是怎么学的？……

能得满分或第一名的同学自然是优秀的。但不要忘了，其实我们自己也很优秀，我们还没有取得优异成绩的原因可能是勤奋不够，也可能是学习意识没有形成、学习方法不够有效……

优秀的同学非常注重自身的修炼，注意培养良好的学习习惯和学习能力，尤其是总结适合自己的学习方法和学习途径。阅读是丰富和发展自己的重要方法和途径，阅读可以使我们获得大量知识信息，丰富知识储量，阅读使我们感悟出更多、更好的东西——我们在阅读中获得、在阅读中感悟、在阅读中进步、在阅读中提升。

为帮助广大学生在学习好科学知识、取得理想的学业成绩的同时，还能培养良好的学习意识和学习能力、构建科学的学习策略，形成属于自己的学习方法和发展路线，我们聘请全国教育专家、人民教育出版社语文资深编审张定远、熊江平、孟令全等权威专家和一批资深教研员、名师、全国著名心理学咨询师联袂打造本系列丛书——"悦读悦好"。丛书精选新课标推荐名著，在构造上力求知识性、趣味性的统一，符合学生的年龄特点、阅读习惯和行为习惯。更在培养阅读意识、阅读方法、能力提升上有独特的创新，并增加"悦读必考"栏目以促进学生有效完成学业，取得优良成绩。

本丛书图文并茂，栏目设置科学合理，解读通俗易懂，由浅入深，根据教学需要划分为初级版、中级版和高级版三个模块，层次清晰，既适合课堂集中学习，也充分照顾学生自学的需求，还适合家长辅导使用；既有知识系统梳理和讲解，也有适量的知识拓展；既留给学生充分的选择空间，也充分体现新课改对考试的要求，是一套有价值的学习读物。

没有最好，只有更好。本套丛书在编撰过程中，得到教育专家、名师的广泛关注指导，广大教师和同学们的积极支持参与，对此我们表示最真诚的感谢！我们将热忱欢迎广大教师和学生给我们提出宝贵意见，以便再版时丰富完善。

"悦读悦好"编委会

◎ 功能结构示意图 ◎

★ 起　源

选读，简单介绍各姓氏的起源，拓展学生历史、地理等方面的知识，了解中华民族是如何形成的，增强民族自豪感。

★ 精美插图

充满童趣的精美插图，与内容紧密结合，相得益彰，同时活跃了版面，增加了学生阅读的愿望和情趣。

★ 悦读故事

精读，精选与各姓氏相关的名人故事，激励学生树立正确的人生目标，培养良好的道德品质。

★ 悦读必考

必做，精选学生必考的知识点，与教学考试接轨，同时通过练习提高学习成绩，强化学习能力。

"悦读悦好"系列阅读计划

在人的一生中，获得知识离不开阅读。可以说阅读在帮助孩子学习知识、掌握技能、培养能力、健康成长等方面都有着重要的不可或缺的作用。阅读不仅仅帮助孩子取得较好的考试成绩，而且对孩子各种基础能力的提高都有重大的意义。培养孩子的阅读兴趣和养成良好的阅读习惯、掌握有效的阅读技能是教育首先要解决的重大课题之一。为此，我们为学生制订了如下科学合理的阅读计划。

学　段	阅读策略	阅读推荐	阅读建议
1~2年级	适合蒙学，主要特点是韵律诵读、识字、写字和复述文段等。 目标：初步了解文段的大致意思、记住主要的知识要点。	适合初级版。 《三字经》 《百家姓》 《声律启蒙》 《格林童话》 《成语故事》 ……	适合群学——诵读比赛、接龙、抢答。 阅读4~8本经典名著，以简单理解和兴趣阅读为主，建议精读1本（背诵），每周应不少于6小时。
3~4年级	适合意念阅读，在教师或家长引导下，培养由需求而产生的愿望、向往或冲动的阅读行为。 目标：培养阅读兴趣，养成良好的阅读习惯。	适合初级版和中级版。 《增广贤文》 《唐诗三百首》 《十万个为什么》 《少儿百科全书》 《中外名人故事》 ……	适合兴趣阅读和群学。 阅读8~16本经典名著，以理解、欣赏阅读为主，逐步关注学生自己喜欢或好的作品，每周应不少于6小时。
5~6年级	适合有目的的理解性阅读，主要特点依据教学和自身的需要选择合适的阅读材料。 目标：逐步培养阅读能力，培养学习意志和初步选择意识。	适合中级和高级版。 《柳林风声》 《尼尔斯骑鹅旅行记》 《海底两万里》 《鲁滨孙漂流记》 《钢铁是怎样炼成的》 ……	适合目标性阅读和选择性阅读。 选择与教学关联为主的阅读材料；选择经典名著并对经典名著有自己的理解和偏好。每周应不少于10小时。
7~9年级	适合欣赏、联想性和获取知识性阅读。 学生的人生观、世界观和价值观日渐形成，通过阅读积累知识、提高能力、理解反思，达成成长目标。	适合中级和高级版。 《论语》 《水浒传》 《史记故事》 《爱的教育》 《三十六计故事》 ……	适合鉴赏和分析性阅读。 适当加大精读数量，培养阅读品质（如意志、心态等），形成分析、反省、质疑和批判性的阅读能力。

目录
MU LU

　　"赵"姓的来源主要有两个:一个是出自"嬴"姓,据说周穆王曾经将赵城(今山西洪洞县北)给了为他驾车的造父作为封邑,从此以后,造父的后代便以封地赵为姓,世代相袭;另一个是一些少数民族改姓为赵。

悦读故事

赵匡胤黄袍加身

　　赵匡胤本是我国后周时的一员大将,他有勇有谋,多次立下战功,深得周世宗的信任。

　　公元960年,契丹联合北汉举兵,周恭帝派大将赵匡胤领兵前去应战。就在正月初三这天,赵匡胤率大军驻扎在陈桥驿。吃过晚饭后,他手下的几员大将聚在一起商议:"如今朝廷中奸臣当道,皇帝年幼无知,我们虽然拼死效忠国家,可谁又知

道呢？赵将军宽厚仁义，待我们亲如兄弟，我们不如立他为皇帝，一起建立一番基业。"

就在第二天黎明，众将士将正在睡觉的赵匡胤叫醒，把黄袍罩在他的身上，然后跪地行君臣之礼。就这样，赵匡胤成了宋朝的第一个皇帝。

1. 读课文填空。

赵匡胤本是我国后周时的一员大将，他_____，多次立下战功，深得周世宗的_____。

2. 小朋友，你知道历史上还有哪些赵姓名人吗？请你列举出几个。

_____

_____

"钱"姓比较单一。钱姓人的先祖叫陆终，陆终有个后代叫彭孚，在西周时曾担任钱府上士（一个掌管钱财的官），他的后人便以官为姓，世代姓钱。

吴越王钱俶

　　吴越国是我国历史上唯一的钱氏政权。传到钱俶的时候，北方中原地区已是宋朝的天下。钱俶为了讨好宋朝，曾两次来到开封觐见皇帝。据说，杭州西湖边保俶山上的保俶塔就是为了保佑钱俶能平安回来而建造的。

　　钱俶第一次入宋时，宋朝政权刚刚建立，政局还不稳定。宋太祖赵匡胤为了稳固人心，热情地款待了他，钱俶的夫人还被封为王妃。

　　等到钱俶第二次入宋的时候，宋太祖已死，宋太宗赵光义即位。大宋已经平定了大部分的割据势力，建立了牢固的中央集权政权。此时，大势已去的钱俶只好献出了自己全部的土地和军队。

1. 读课文填空。

_____的钱俶只好献出了自己全部的土地和军队。

2. 小朋友,你知道历史上还有哪些钱姓名人吗?请你列举出几个。

_____

_____

_____

起源

　　"孙"姓的来源主要有六支。一是出于"芈"姓,为楚国令尹孙叔敖之后。孙叔敖,字孙叔,在他任楚令尹时,因教化民众、开发水利有功,而深得楚人拥护,其子孙便以他的字命氏。二是出自"姬"姓,为卫国国君康叔的后代。三是出自"妫"姓。四是出自"子"姓。五是外姓改姓。六是他族改姓。

悦读故事

孙膑智胜庞涓

战国时期，鬼谷子有两个学生——孙膑和庞涓，此二人一起学习兵法。学成后，庞涓到魏国做了将军。但是，他心里却明白自己的才能比不上同学孙膑。于是，庞涓派人叫孙膑来魏国，帮助他带兵打仗。孙膑见庞涓盛情邀请，就高高兴兴地来到魏国。谁知，庞涓嫉妒他的才能，找了一个借口把他处以膑刑（挖去膝盖骨），并且在他的脸上刺了字，涂上墨汁，想埋没孙膑的才能，让他永无出头之日。此后，孙膑十分痛苦，过着艰难的日子。

后来，孙膑听说齐国有使者要到魏国都大梁来，就在半路上偷偷地会见了齐国的使者，并把自己的才能和遭遇告诉了齐国使者。齐国使者认为孙膑是一个有才能的人，于是暗地里把他送到齐国。齐国将军田忌十分看重孙膑，把他当作上宾。

不久，魏国进攻韩国，孙膑奉齐王之命援助韩国，待齐军直逼魏都大梁时，庞涓只好撤军

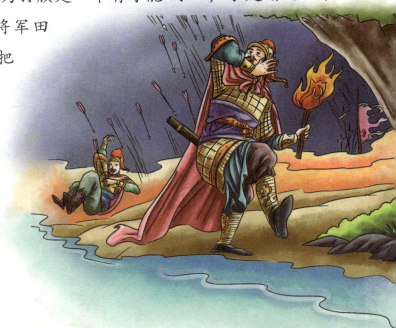

回救。之后，孙膑利用庞涓轻敌的心理，诱其上当。果然，庞涓以为齐军胆小，只率少数骑兵追击。当追到一个山谷中时，他忽然发现一棵树上写着"庞涓死于此树下"，方知已经中计，接着就被齐军乱箭射死了。

 悦读必考

1. "遭遇"的正确读音应为：_____。
2. 小朋友，你知道历史上还有哪些孙姓名人吗？请你列举出几个。

_____

_____

_____

起源

　　"李"姓来源有三个：一是出自"嬴"姓，此支为高阳氏的后裔；二是出自他族改姓，三国时诸葛亮曾赐一些少数民族为"李"姓；三是他姓改姓李，唐代的许多功臣都被皇帝赐"李"姓，以示皇家殊荣。

铁杵磨成针

我国唐代著名诗人李白，小时候是一个非常贪玩的孩子。

一天，李白逃学来到河边玩耍，他看到一个老婆婆拿着一根粗粗的铁杵在石头上磨。李白好奇地问："老婆婆，你磨这根铁杵干什么呀？"

老婆婆回答："我要把它磨成一根针用来缝补衣服啊！"

李白惊奇地说："铁杵这么粗，怎么可能磨成针啊？"

老婆婆说："孩子，只要用心坚持去磨，总有一天会磨成的。"

李白听后明白了：只有经历过血汗、泪水和功夫的磨砺后，才能成为一个成功的人。从那以后，李白在学业上刻苦努力，终于成为一代奇才。

悦读必考

1. 填空。

只有经历过血汗、泪水和功夫的_____后，才能成为一

个成功的人。

2. 你认为怎样才能成为像李白这样成功的人呢？

　　"周"姓的来源有三个：一是黄帝时，将军周昌的后代；二是出自"姬"姓，始祖为周文王，据载，周朝的许多王族后来都以"周"为姓；三是由他姓或他族改为"周"姓。

儒将周瑜

　　周瑜，字公瑾，庐江舒县（今安徽舒城）人。他出身于世家大族，有深厚的文化修养。周瑜少年时练武习文，胸有大志，十几岁时声名就已传遍了十里八乡。

　　周瑜好交游，与孙策同岁，他们两个特别友好。那时候，周瑜常常去孙策家，曾升堂拜孙母，等于是认了义母，孙母也视周瑜如同自己的儿子。后来，孙策脱离袁术自立后，写信给

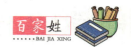

周瑜。周瑜便从叔父丹阳（今安徽宣城）太守周尚那里带着兵来迎孙策。孙策高兴地拉着他的手说："我得到你，大事一定可成。"可见对周瑜的倚重 之深。而周瑜在孙策平定江东的战争中起到了谋士和武将的双重作用，并用计谋收服了太史慈。

孙策平定江东后，就任命周瑜为水军都督。当时周瑜年仅二十四岁，风华正茂，时人称之为"周郎"。

孙策临终前嘱咐他的弟弟孙权说："外事不决问周瑜。"由此可见周瑜的能力不同一般。

孙策死后，曹操从刘备手中夺取了荆州，实力已经很是强盛，此时的东吴分为两派：主战派和主和派。周瑜极力主战，他知道曹军的弱点，并和刘备联手在赤壁打败了曹军，这也就是著名的"赤壁之战"。曹操也因此多年困守北方不敢南下。

公元211年，周瑜旧伤复发，死在出征的路上，年仅三十六岁。孙权在得知这一消息后，悲痛万分，亲自为他料理后事。

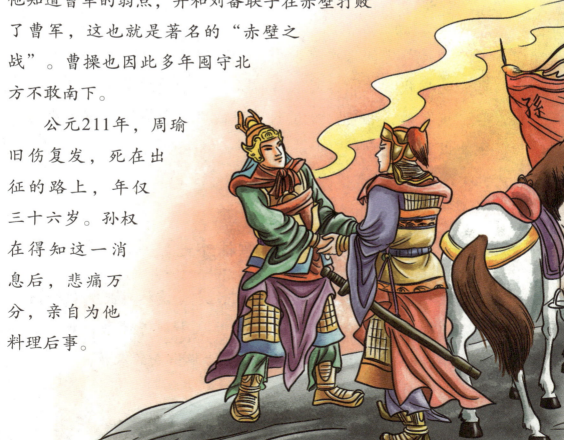

1. "强盛"的近义词是_____，反义词是_____。
2. 小朋友，你知道历史上还有哪些周姓名人吗？请你列举
   出几个。

_____

_____

起源

　　"吴"姓的来源有两个：一是出自"姬"姓，据载，始祖为周代的泰伯，曾在江苏无锡一带建立吴国；二是出自"虞"姓，相传周文王封仲雍的后代于虞国，虞人中后来有以吴为姓的。

吴敬梓与《儒林外史》

　　吴敬梓，字敏轩，安徽全椒人，是《儒林外史》的作者，清代著名小说家。他出身名门望族，从小刻苦读书，加上天资聪明，年轻时便成为一个知识渊博、才华出众的人物。

　　他在父亲冤死后，看清了官场斗争的黑暗，终生不愿做官。他广结三教九流，为人豪爽旷达，乐意帮助穷人。没几年光景，就把祖上传下来的家产耗尽，变得贫困不堪。

　　三十六岁那年，他离开家乡去南京。三十九岁开始写作《儒林外史》。由于生活极其困苦，他只能靠典衣当物和卖文度日。家里常常无米下锅，不得不接受朋友的接济。这些朋友大都散居四方，他便跑到各地，一边寄住在朋友家里，一边跟朋友讲研学问。到了冬天，寒气逼人，屋里无火取暖，但他仍日夜伏案写作。夜里寒冷难耐，连手脚都冻僵了，他就邀请几个穷朋友，沐浴着月色绕城跑步，还唱着歌，喊着口令，跑上几里路，这样等手脚暖和了，就回到家里继续写作。

　　艰苦的生活并没有难倒吴敬梓，他利用一切机会，将朋友间交谈时听到的故事，社会上的所见所闻，经过构思、提炼后，写进了《儒林外史》。经过十年努力，在他四十九岁那年，终于完成了这部巨著，被尊为中国古代讽刺文学的典范。

悦读必考

1.读课文填空。

他出身＿＿＿＿＿，从小刻苦读书，加上＿＿＿＿＿聪明，年轻时便成为一个知识＿＿＿＿＿、才华出众的人物。

2.小朋友们，我们应该向吴敬梓老先生学习什么精神？

＿＿＿＿＿＿＿＿＿＿＿＿＿＿＿＿＿＿＿＿＿＿＿＿

＿＿＿＿＿＿＿＿＿＿＿＿＿＿＿＿＿＿＿＿＿＿＿＿

起源

　　"郑"姓来源相对比较单一，主要出自"姬"姓，其远祖为郑桓公。据载，郑国曾是春秋初期的强国，后被韩国所灭。其后人迁居至陈、宋之间，世代便以国为姓。

悦读故事

英雄郑成功

　　1624年，荷兰殖民者入侵我国台湾。1661年，郑成功率领大军乘着几艘战舰向台湾进发。

百家姓
·····BAI JIA XING

　　郑成功率领大军兵分两路，采取一路正面迎战，一路侧面包围的战略，把荷兰人的三只大船团团围住。同时炸沉了荷兰殖民者最大的一只船。经过九个月的战斗，荷兰殖民者死伤无数，最终无计可施，只好带着残兵败将离开了台湾。

　　郑成功凭借非凡的勇气和智慧，成功收复台湾的功绩，被载入了史册。

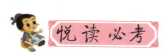 悦读必考

1. "残兵败将"的意思是：_____。

2. 小朋友，你知道历史上还有哪些郑姓名人吗？

_____

_____

 王

 起源

　　"王"姓的来源比较复杂。一是我国古代周文王姬昌

的后裔，因为是王族，所以他们以"王"为姓；二是比干的后代和一些进入中原的少数民族改姓"王"；三是东周灵王太子姬晋因顶撞了灵王，被灵王一气之下贬为平民，其后代便都以"王"为姓。

书圣王羲之

王羲之是我国历史上最杰出的书法家之一，有"书圣"之称。他从小练字，七岁的时候，字就已经写得很不错了。

有一天，他在父亲的枕头里发现一本名叫《笔说》的书，里面讲的都是有关写字的方法，他高兴得如获至宝，偷偷地读起来。

正当读得起劲的时候，父亲来了，问道："为什么偷我的枕中秘籍？"

王羲之笑而不答，母亲想给他打圆场，便从旁插了一句："你是在揣摩用笔的方法吗？"

父亲认为他年纪还太小，未必能够读懂，就把书收了回去，说："等你长大了再教你读。"

王羲之不高兴地说："如果等我长大了再研习笔法，那我现在的聪明就白白地被埋没了。"然后，他恳求父亲现在就把书给他，免得不懂方法瞎摸索。

父亲听他说得有理，就把书给了他。

王羲之按照书中所讲的方法练了不满一个月，就有了显著的进步。

王羲之从幼年开始练字，直到五十九岁去世为止，苦练了五十多年，终于形成了自己书法上的独特风格。根据记载，除浙江绍兴兰亭外，江西临川新城山、浙江永嘉积谷山以及江西庐山归宗寺等处，都有他的墨池。一千多年来，他的作品一直是后人学习书法临摹的范本。

悦读必考

1. "揣摩"的读音为_____，在文中的意思是_____。

2. 你还知道哪些王姓名人？请你列举几个。

_____

_____

冯

起源

　　"冯"姓主要有两个来源：其一，春秋时期，郑国大夫冯简子，以善断而名闻诸侯，他因为立了大功而被封于冯邑，他的子孙后代便以"冯"为姓；另外，周文王的第十五个儿子毕公高的后代中，有一个名叫长卿的，被封在冯城，他的后代便以封邑名为姓，世代相传至今，史称冯氏正宗。

悦读故事

女英雄冯婉贞

　　1860年，英法联军入侵北京，烧杀抢掠，还焚烧了圆明园。

　　十九岁的冯婉贞从小就练就了一身好武艺，她眼睁睁地看着美丽的家园被无恶不作的英法联军毁掉，非常痛恨。于是，她在

父亲冯三保的带领下，召集了村民，与敌人进行顽强的斗争。

冯婉贞想，敌人使用的洋枪洋炮虽然攻击力强，却只适合远距离攻击。于是，她召集了村里的少年们埋伏在村外茂密的树林里，等到敌人走近才发起总攻。这样一来，敌人死的死，伤的伤，剩下的残兵败将也都狼狈地逃走了。

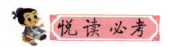

1.看拼音，写词语。

  wán qiáng   zhào jí   mào mì

 （   ） （   ） （   ）

2.小朋友们，你听说过当年英法联军焚烧圆明园的事情吗？你有什么感想？

_____

  "陈"姓有三个来源：一是周武王灭商后，找到了舜的后代胡公满，封胡于陈国，其后人以国名为姓；二是南北朝时一个游牧部落的人以侯莫陈为姓，后来，他们随魏孝文帝迁都洛阳，改姓陈；三是古代安南国有人姓陈。

陈平平天下

　　西汉时期，有个人名叫陈平。他小时候，家中十分贫困，但他酷爱读书，尤其喜欢黄帝、老子的学说。

　　有一次，正好赶上社祭，人们推举陈平为社庙里的社宰（掌管祭祀神灵事宜的长官），主持祭祀社神，为大家分肉。陈平把肉一块块分得十分均匀。

　　家乡的父老乡亲们纷纷赞扬他说："陈平这孩子分祭肉，分得如此公平，确实称职！"

　　陈平听了，感慨地说："假使我陈平能有机会治理天下，也能像分肉一样恰当、称职。"

　　后来，陈平果然凭借自己的足智多谋，屡次用奇计辅佐刘邦安定天下。汉文帝时，陈平被封为右丞相。

1. 根据课文填空。

后来，陈平果然凭借自己的_____，_____用奇计_____刘邦安定天下。

2. 小朋友，你身边有姓陈的人吗？你知道哪些陈姓名人？

_____

"褚"姓的来源有二：一是春秋时，宋国公子段受封于褚邑，因品德高尚，被世人称为"褚师"，此后他的子孙和当地的百姓都以"褚师"为姓，后来把"师"字去掉以"褚"为姓；二是古代一种称为褚师的官职，褚师官的后代往往以"褚师"为姓，后逐渐演变为"褚"姓。

悦读故事

褚遂良

褚遂良是唐代著名的书法家。他不光字写得好，还会鉴赏书法。

有一次，唐太宗得到了一卷王羲之的墨宝，便请褚遂良看看，这是否出自古人之手。

褚遂良看了一会儿，便说："这是赝品。"

唐太宗忙问褚遂良是怎么看出来的。

褚遂良要唐太宗把这卷书法拿出来，透过阳光看。然后，用手指着书法中的"小"字和"波"字，对唐太宗说："这个'小'字的点和'波'字的捺中，有一层比外层更黑的磨痕。王羲之的书法怎么会有这样的败笔呢！"

唐太宗听了，开始打心眼里佩服褚遂良。

此后，唐太宗每征集到王羲之的墨迹，总要请褚遂良帮他鉴定。

后来，褚遂良还奉命给这些珍贵的书法编订目录，珍藏于宫廷内府，为后代留下了宝贵的文化财富。

悦读必考

1. "鉴定"中"鉴"的读音是＿＿＿＿＿；在文中，"鉴定"的意思是＿＿＿＿＿＿＿＿＿＿＿＿＿＿＿＿。

2. 小朋友，你知道历史上还有哪些褚姓名人吗？

＿＿＿＿＿＿＿＿＿＿＿＿＿＿＿＿＿＿＿＿＿＿

＿＿＿＿＿＿＿＿＿＿＿＿＿＿＿＿＿＿＿＿＿＿

＿＿＿＿＿＿＿＿＿＿＿＿＿＿＿＿＿＿＿＿＿＿

起源

"卫"姓的来源比较单一，据载，周文王的第九个儿子叫康叔，在商朝灭亡后建立了卫国，是"卫"姓的先祖。春秋战国时，卫国并入秦国，卫国子孙仍然以原国名为姓。

悦读故事

汉朝名将卫青

西汉名将卫青起初只是汉武帝的侍从，因为他有非凡的军事才能，得到了汉武帝的赏识。

公元前130年，汉武帝派出了包括卫青在内的四路军队攻打匈奴。卫青作战英勇，率领军队深入沙漠，取得了胜利。

公元前127年，匈奴大军集结再次南下，卫青奉命迎战，这次他采取迂回战术，结果匈奴被

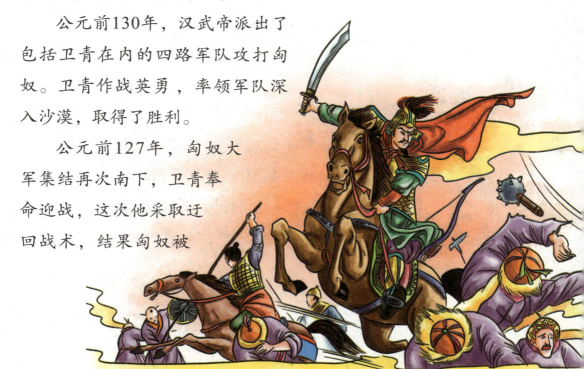

汉军杀得落荒而逃。

在长达十年抗击匈奴的战争中，卫青七次领兵出征，取得了辉煌的战绩，成为西汉抗击匈奴的主帅。匈奴在卫青的打击下，一直不敢来犯。直到卫青去世，西汉和匈奴之间还处于休战状态。

1. "赏识"的近义词是_____。

2. 小朋友，你知道历史上还有哪些卫姓名人吗？

_____

_____

_____

蒋

"蒋"姓起源较为单一，主要出自"姬"姓，以国名为姓。西周初期，周公姬旦的第三个儿子叫伯龄，被封在蒋，建立蒋国，是周朝的一个小国。后来蒋国被楚国所灭，伯龄的后代子孙就以原国名作姓，称蒋氏。

宰相肚里能撑船

　　三国时期，蜀国著名的大将军蒋琬谦恭厚道，品行高洁，常被人们称赞。据历史记载，诸葛亮攻魏时，蒋琬成功地解决了兵源、粮饷供应的问题，深得诸葛亮的器重。最难得的是，诸葛亮去世后，他虽然掌握了蜀汉的军政大权，但一切行为和往常没有两样。因此，他深得君臣的信赖。

　　他有一个部下叫杨戏，性格傲慢，就连蒋琬找他商量事情时，他都经常爱理不理。有人想陷害杨戏，便在蒋琬面前说他的坏话。而蒋琬却说："人心的不同，就如人面孔的不同，有人表面上服从，背地里却阳奉阴违。虽然杨戏对我爱理不理，但这正是他耿直的一面！"

　　众人听了蒋琬的这番话，都称赞他"宰相肚里能撑船"。

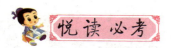

1. "谦恭"的近义词是＿＿＿＿，反义词是＿＿＿＿。（各写一个。）

2. 结合生活实际，请举例说明什么叫"宰相肚里能撑船"。

＿＿＿＿＿＿＿＿＿＿＿＿＿＿＿＿＿＿＿＿＿＿＿＿＿＿＿＿＿＿

＿＿＿＿＿＿＿＿＿＿＿＿＿＿＿＿＿＿＿＿＿＿＿＿＿＿＿＿＿＿

沈

起源

　　"沈"姓有好几种不同的来源，其主要分别就在读音的不同——有人姓"shěn"音之沈，有人则姓"zhēn"音之沈。读"shěn"音的沈姓，出自黄帝的姬姓。相传周文王第十子聃季平叛有功，被封于沈国，春秋时被蔡所灭，其后世子孙便以原国名为姓，称沈氏。读"zhēn"音的沈，即是颛顼帝的芈姓。春秋时楚庄王的儿子贞封于沈鹿，也称沈氏。不过，到现在都统一成"shěn"音的沈姓了。

悦读故事

沈括与《梦溪笔谈》

　　北宋时，著名科学家沈括，自幼勤奋好学，酷爱读书。他读书很多，又善于独立思考，常常以自己的见闻来检验书上写的东西。

　　沈括为了弄懂一个问题，常常会花费几年、十几年，甚至几十年的时间。为了观测北极星的正确位置，他一连三个月没有睡好，前前后后画了二百多幅图，终于计算出了北极星的正确

位置。

晚年的沈括住在江苏的梦溪园，他把自己的研究成果整理成集，写出了闻名中外的综合性科学巨著《梦溪笔谈》，为我国的科学研究事业带来了深远的影响。

 悦读必考

1. 看拼音，写词语。

huā fèi　　　　qín fèn　　　　guān cè

（　　　　）　（　　　　　　）　（　　　　　　）

2. 试着写写"闻名中外"有哪些近义词？

_____

韩

 起源

　　"韩"姓来源有二：其一为"姬"姓，根据《风俗通》的记载，春秋时期，周文王有一位住在晋国的后裔武子，因功被晋献公封于韩原，后来他的子孙按照当时的习惯，以地为氏，就此姓了韩；其二为复姓改姓，在南北朝时北魏的出大汗氏，随魏文帝迁都洛阳后，因"汗"与"韩"音相近，改为汉字单姓韩氏。

背水一战

　　楚汉战争时期，刘邦命令韩信率兵攻打赵国。

　　此时，赵王屯兵井陉口，其军师建议按兵不动，坚守城池，但赵王没有采纳，而是率兵出城，誓与韩信决一死战。

　　得知这个情况后，韩信率兵直奔井陉口，并选派两千骑兵埋伏于山谷之中，待两军交战时，迅速占领赵营。然后，他

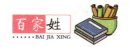

又派一万精兵背水列阵，面对着滔滔江水，将士们明白已无退路，无不奋勇杀敌，拼命向前。

结果，赵军大败，等其退回营寨时，发现营中已插满汉旗，因此阵脚大乱。

汉军趁机全线进攻，最终取得了战争的胜利。

 悦读必考

1. 按照课文填空。

赵王屯兵井陉口，其军师建议_____，坚守城池，但赵王没有_____，而是率兵出城，誓与韩信决一死战。

2. 小朋友，你知道历史上还有哪些韩姓名人吗？

_____

_____

_____

杨

 起源

"杨"姓来源主要有三：一是"姬"姓，晋武公（唐叔虞十一世孙）封次子伯侨于杨，称杨侯，是杨姓始祖；二出自赐姓，三国时，诸葛亮平定哀牢夷（湖南、贵州的

僚族分支）后赐当地少数民族为赵、张、杨、李等姓；三是他族他姓改姓杨。

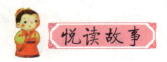

杨震拒金

杨震是东汉时期的名臣。五十岁时，杨震奉命调到东莱上任。他路过昌邑时，天色已晚，便在一家客店住下。

碰巧，昌邑县令王密是杨震以前的学生，听说老师路过这里，王密很高兴，热情地款待杨震。

当年，杨震对王密很照顾，王密做县令还是杨震举荐的。为了报答老师的恩德，王密趁着夜深人静的时候，带着十锭黄金来到杨震的住处，说："感谢老师的教导，这是学生的一点儿心意，请您务必收下！"

杨震不高兴地说："我了解你的为人，你为什么不了解我为官、为人的信条呢？"

王密解释说："这金子是学生的俸禄所得，不是贪污受贿得来的。况且现在夜深人静，没有人知道这件事，您就收下吧！"

杨震强压着怒火说："你顶天而来，天知道；踏地而来，地知道；你带金而来，你知道；你把金子送给我，我知道。天知、地知、你知、我知，怎么能够说没有人知道呢？"

王密听了，吓得不敢再说半句话，羞愧得无地自容，灰溜溜地收起金子走了。杨震在其身后大声说道："天知、地知、你知、我知，你切记改之啊！"

杨震一生培养了很多人才，人们尊称他为"关西孔子"，还为他立了一座碑，来歌颂他的丰功伟绩。

 悦读必考

1. 按照课文填空。

"无地自容"是指_____，形容非常羞愧。

2. 小朋友，你知道历史上还有哪些杨姓名人吗？

_____

朱

 起源

"朱"姓来源主要有三：一是出自"曹"姓，周武王灭商后封曹安（帝颛顼的裔孙）的后裔曹挟在邾国（今山东曲阜附近），战国时，邾国被齐宣王所灭，子孙以朱为

氏；二是出自朱虎的后裔，朱虎为舜时大臣，其后裔以朱
为氏；三是出自宋微子的后裔，宋微子为宋国开国君主，
春秋时，被诸侯所灭，其后裔逃至砀（今安徽砀山），改
宋氏为朱氏。

负薪苦读

朱买臣虽然是汉朝时期的大官，但他小时候家境贫寒，即便
如此，他依然喜欢读书。成家后，为了生计，他每天都要上山
砍柴，但他总是带着书本，砍完柴后，一边背柴，一边读书。

妻子崔氏觉得丈夫这样呆头呆脑的，太没出息了，再加上日
子难熬，便和他离婚了。

孤身一人的朱买臣，日子过得更加清苦了，但每天砍柴时，
他仍旧不忘读书。在坚持不懈的努力之后，他的学业大有长
进。五十岁时，朱买臣被汉武帝拜为中大夫。

朱买臣这种刻苦攻读、坚持不懈的精神深受后人敬仰，他也
因此成为历代读书人的楷模。

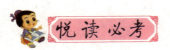

1. 小朋友，你知道历史上还有哪些朱姓名人吗？

_____

_____

2. 我们现在读书学习还需要朱买臣这种刻苦攻读、坚持不懈的精神吗？为什么？

_____

_____

　　"秦"姓的来源有二：其一出于颛顼帝，后来秦二世投降刘邦以后，颛顼的这一支嬴姓子孙才开始以秦为姓氏，世代沿用下来；其二源于被周武王封在鲁国的周公之子伯禽的后代，《古今姓氏书辩证》上记载"伯禽受封鲁国，裔孙以公族为大夫者，食采于秦，以邑为氏，望出太原"，由此可见，周文王的姬姓后代，也有以秦为姓的。

名医扁鹊

　　战国时，有位神医叫秦越人，因医术高明，百姓借用上古黄帝时神医的名字"扁鹊"来称呼他。

　　他年轻时便虚心好学，刻苦钻研医术，并把积累的医疗经验造福于平民百姓。他还周游列国，到各地行医，为百姓解除

病痛。

　　有一次，扁鹊来到蔡国，蔡桓公接待了他。一见蔡桓公脸色灰暗发黄，扁鹊便提醒他有病，应及早治疗，可蔡桓公并不相信扁鹊。此后扁鹊又一次见到蔡桓公，依旧提醒他应尽快治病，但蔡桓公仍旧置若罔闻。最后一次见到蔡桓公时，扁鹊什么也没说便走了。

　　蔡桓公觉得很奇怪，连忙派人前去追问，扁鹊说："桓公已病入膏肓，无法救治了。"果然，没过几天，蔡桓公便因病重，医治无效去世了。

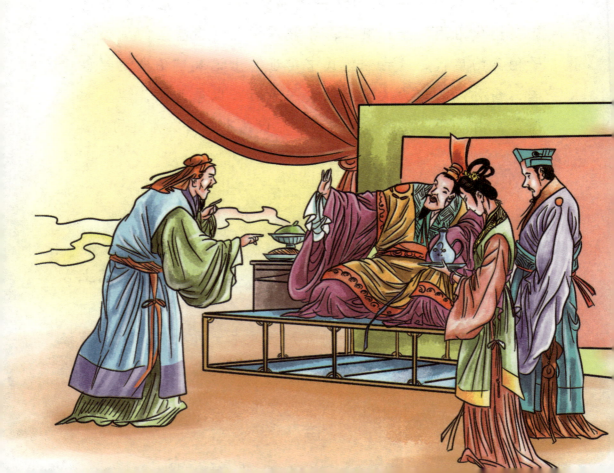

悦读必考

1.你觉得蔡桓公是个什么样的人？你觉得扁鹊医术高明吗？为什么？

2.小朋友，你知道历史上还有哪些秦姓名人吗？试举出一两个并说说他们的事迹。

许

起源

"许"姓的来源有两个：其一出自"姜"姓，据载，西周分封时，炎帝的后代文叔封在许国，春秋时为楚所灭，其子便以许国国名为姓，世代相袭；其二源自尧帝时许由的后代。

悦读故事

坚持道义

元代有一个著名的理学家，名叫许衡，虽然小时候家境贫寒，每天吃糠咽菜，但他一直坚持求学。最难能可贵的是，他从小就严格要

求自己，时时处处以古代圣贤为榜样，从不放纵自己。

一年夏天，许衡和几个朋友路过河阳时，大家口渴难耐，见路边树上结满了梨子，便争相爬上去摘着吃。唯独许衡一人坐在树下，好像没看见似的。为此，朋友们都讥笑他，许衡却说："梨树没有主人，难道我的心中也没有吗？我要坚持道义，永不放弃。"

许衡常用圣贤之理，指导着自己的言行举止，无论说话做事，都会考虑是否合乎道义。也正是因为有这种坚持道义的品质，他才成就了一番大事业。

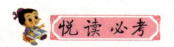

1. 仿照课文，用"虽然……但……"写一句话。

_____

_____

_____

2. 许衡常用圣贤之理，指导着自己的言行举止，那我们作为小学生需要注意自己的哪些言行举止呢？

_____

_____

_____

何

起源

　　"何"姓来源主要有三：一出自"姬"姓，是周文王之后，始祖是何庶；二是唐代的"昭武九姓"中的"何"姓；三出自"冒"姓或赐姓。

悦读故事

挂笏引舟

　　我国唐朝时期有一个著名的清官，叫何易于，他曾在四川益昌做过县令。他一生为官清廉，爱民如子，深受当地百姓的爱戴。

　　有一次，上司崔朴带着随从乘船来益昌游玩。由于当地河道弯曲，江上的船都要由纤夫拉着才能行进。于是，崔朴就强令民夫替他拉船。

　　得知这件事后，县令何易于把笏板挂在腰间，卷起裤腿亲自拉纤。

　　崔朴看见后，很是惊奇地问他为

什么来拉纤。

何易于便说："眼下正是农忙时节，老百姓都很忙，我刚好没事，所以来当纤夫了。"

崔朴听后，很是惭愧，连忙下令打道回府。

悦 读 必 考

1. 根据课文填空。

何易于一生为官＿＿＿＿＿＿＿＿＿＿，爱民如子，深受当地百姓的＿＿＿＿＿＿＿＿＿＿＿＿＿＿＿＿＿＿＿＿。

2. 你觉得文中县令何易于卷起裤腿亲自拉纤做得对吗？说说你的理由。

＿＿＿＿＿＿＿＿＿＿＿＿＿＿＿＿＿＿＿＿＿＿

＿＿＿＿＿＿＿＿＿＿＿＿＿＿＿＿＿＿＿＿＿＿

＿＿＿＿＿＿＿＿＿＿＿＿＿＿＿＿＿＿＿＿＿＿

吕

起源

"吕"姓来源主要有三个：其一出自"姜"姓，其始祖为伯夷的后代，被封在吕国，其子孙便以国名为姓，世代相袭；其二出自春秋时期晋国的魏氏；其三则为少数民族改姓。

奇货可居

战国时期，秦国丞相吕不韦地位显著，而他以前则是卫国的一个大商人。

一次，吕不韦在邯郸游玩时，见到了在赵国做人质的秦国公子异人。当时，秦赵两国经常交战，异人过得非常贫苦。

吕不韦知道这个情况后，立刻想到在异人的身上投资会换来难以计算的利润。他不禁自言自语说："此奇货可居也。"于是，他对异人说："如果我让你回到秦国并成为秦王，你该怎么报答我呢？"

公子异人说："我若能回国，日后倘能得到荣华富贵，便与你我共享！"

于是，吕不韦绞尽脑汁、费尽心机地为异人出谋划策，并给予他丰厚的资金，希望其成为王位的继承人。

后来，按照吕不韦的安排，逃回秦国的异人成功地继承了王位，并任命吕不韦为丞相，封号文信侯。一夜之间，吕不韦由商人变成了一个声名显赫的政治人物。

![悦读必考]

1. 自言自语中的"言"和"语"是什么意思？

2. 小朋友，你知道历史上还有哪些吕姓名人吗？

_____

施

　　"施"姓的来源有三：其一源自上古时期的施国，施国灭亡后，子孙们便以原国名为姓；其二源自春秋时期鲁惠公的儿子子尾，字施父，他的后代便以先祖字中的"施"为姓；其三出自职业，西周时期制作旗帜的工匠被称为"施"，其后代便以祖先的职业"施"为姓。

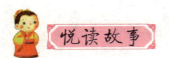

才子施耐庵

　　元末明初出了一位著名的小说家，名叫施耐庵。他自幼家境贫寒，无法上学读书，但他聪明好学，经常找人借书看，有时还到学堂去旁听。就这样，施耐庵慢慢地读完了《论语》《大学》等许多部书。

　　一天，邻居家的老人去世了，请私塾的季秀才来写祭文。然而，

这位季秀才迟迟未到，施耐庵便代笔写了一篇。随后赶来的季秀才见他才华横溢，便带他回去读书。

后来，他根据民间流传的一百零八位好汉起义的故事，写成了长篇小说《水浒传》。

 悦 读 必 考

1. 看拼音，写词语，再解释词语意思。

cái huá héng yì（   ）

解释：_____

_____。

2. 小朋友，你知道历史上还有哪些施姓名人吗？

_____

_____

_____

 张

 起源

"张"姓的来源有两支：一支出自黄帝之后，张挥为始祖；另一支出自黄帝的另一后代，春秋时晋国有一个名解张、字张侯的贵族，他的子孙便以他的字为姓，世代姓张。

画龙点睛

南北朝时期的张僧繇是有名的画家，画技非常高超。

相传他在金陵（今江苏省南京市）安乐寺的墙壁上画了四条龙，每条都栩栩如生、活灵活现，但是都没有点上眼睛，看后总觉得有点儿美中不足。

有人问他其中的缘故。他说："如果点上眼睛，龙就会飞走的。"

人们对此非常怀疑，一定要他试一试。张僧繇迫不得已，只好答应大家的要求，给其中的两条龙点上了眼睛。谁知，刚一点上，顿时乌云翻滚，雷电交加。两条龙果然破壁而出，飞走了。在场的人看了，惊得目瞪口呆。

后来，人们把这个故事概括成"画龙点睛"的成语，用来比喻人说话或者做文章时，在关键处用精辟的语句点明要旨，使他说的话或写的文章更加生动传神。

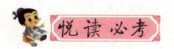

1. 根据课文填空。

相传他（张僧繇）在金陵安乐寺的墙壁上画了四条龙，

每条都_____、_____。

2. 你觉得张僧繇画龙画得像吗？说说自己的看法。

起源

　　"孔"姓的来源主要有二：一是黄帝时编写《盘庚》一书的史官孔甲，他的后代便以"孔"为姓；二是纣王的兄长微子启的后人名嘉、字孔父，他的儿子为了纪念父亲，便以父亲字中的"孔"为姓。

悦读故事

聪明机智的孔融

　　孔融十岁那年，很想见见当地一位清正廉明的官员李膺。

　　这天，孔融来到李膺的家门前，对守门的仆人说："李府世交后人特来拜见。"

　　李膺听仆人一说，破例迎了出来，奇怪地问："你说我们两家是世交，这从何说起？"

　　孔融不慌不忙地回答："我的祖先孔子和您的祖先老子李耳有师生之谊，不就

是世交吗？"

李膺听后笑了起来，众人也都称赞孔融机敏。

一位叫陈炜的大夫却说："小时候聪明的人，长大了不一定有出息。"

孔融立刻回答："这么说，先生您小时候一定是很聪明的了？"

引得大家哄堂大笑，陈炜被说得哑口无言。

 悦读必考

1. 给加点的字注音。

（　　）　　　　（　　　）　　　　　　（　　　）

哄堂大笑　　　哑口无言　　　清正廉明

2. 小朋友，你知道历史上还有哪些孔姓名人吗？

_____

_____

 曹

起源

"曹"姓主要来源有两个：一是出自黄帝的后代，周武王的弟弟振铎被封于曹，后成为"曹"姓的始祖；二是由"邾"姓改为"曹"姓。

曹冲称象

三国时，吴国的孙权曾送给曹操一头大象，曹操十分高兴。说起这大象，那可是又高又大，光说腿吧，就有大殿的柱子那么粗，人走近去比一比，还够不到它的肚子。

随后，曹操对大家说："谁有办法称一称这头大象有多重呢？"周围的人开始议论起来，有的建议做一杆大秤，有的主张将大象杀了分开称，这些办法曹操都很不满意。

这时他的小儿子曹冲上前说："我有一个办法，可以称出大象的重量。"在征得父亲的同意后，曹冲让人把大象赶上了船，并在船上画出水面的刻度，然后按照刻度的位置装石头，之后再称这些石头，最终知道了大象的重量。

曹操见后，拍手称赞。曹冲的聪明才智得到了大家的认可。

悦读必考

1. 读课文填空。

曹操见后，拍手＿＿＿＿＿＿。曹冲的聪明才智得到了大家的＿＿＿＿＿＿。

2. 小朋友，你觉得曹冲聪明吗？你能想出更好的办法称一称大象有多重吗？说说看。

＿＿＿＿＿＿＿＿＿＿＿＿＿＿＿＿＿＿＿＿＿＿

"严"姓有三个主要来源：一是古严国的后裔；二是出自"庄"姓，据载，汉明帝名刘庄，为了避讳，令庄氏都改姓严；三是少数民族汉化的结果，现在的满族、彝族、朝鲜族中都有"严"姓。

隐士严光

西汉末年，有一个著名才子，名叫严光。乱世当中，他目睹了官场上的黑暗，看清了统治阶级的腐败，于是他决定隐姓埋名，永不做官。

后来，刘秀做了皇帝。他知道严光很有才能，便派人到处寻找，再三请求他帮助自己治理国家。对此，严光并不接受。他说："每个人都有自己的志向，你

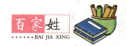

何必逼迫我呢？"刘秀见其坚决要过隐居生活，便同意了他的要求。

严光一生都很快乐，就是因为他放弃了不必要的包袱，寻找到了属于自己的东西。对他而言，自由和快乐才是最重要的。

 悦读必考

1. "包袱"是一个名词，比喻精神上或者物质上有某种____的意思。

2. 对严光而言，自由和快乐才是最重要的。小朋友们，你认为对你来说，什么是最重要的？为什么？

_____

_____

华

 起源

"华"姓主要源自春秋时宋戴公的儿子考父，考父食邑于华地，子孙后代便以华为姓。

悦读故事

华佗虚心求教

华佗是汉代著名的医学家。

  有一天，一个年轻人来请华佗看病。华佗仔细检查之后说："你得的是头风病，治疗的药倒是有，只是药引子不好找，要用生人脑子。"年轻人一听，吓了一跳，无奈地回去了。

  后来，年轻人又找到一位老医生，老医生说："你用十个旧草帽煎汤喝就行了。"年轻人照着老医生的话做了，果然药到病除。

  华佗得知此事后，便去拜那位老医生为师。老医生被华佗虚心求教的精神感动了，便把自己所有的药方全部传授给他了。

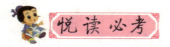

1. 填空。

  年轻人照着老医生的话做了，果然_____。

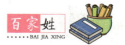

2. 小朋友，你身边有姓华的人吗？你知道当今有哪些华姓名人吗？

_____

_____

_____

"魏"姓主要来自"姬"姓。据载，春秋时，周文王后裔毕万在晋国灭霍、耿、魏三国的战斗中立有大功，晋献公将魏地赐给他，其子孙便以封地为姓。

喜欢思考的魏源

我国近代著名的思想家魏源，从小是个沉默寡言、喜欢独自静坐、爱思考的孩子。人们都叫他"默深"。

魏源七八岁时开始进私塾读书，学习特别用功。他不但白天埋头苦读，晚上也要学习到深更半夜。魏源的母亲看着心疼，怕他熬坏了身体，就把蜡烛吹灭，逼着他去睡觉。可是，等到母亲入睡以后，魏源又悄悄地爬起来点上灯，用被子遮住光，继续苦读。

后来，魏源凭着自己的勤奋好学，成为学识渊博的人，并与龚自珍、林则徐等人一起倡导向西方学习，成为我国著名的思想家。

 悦读必考

1. 根据课文填空。

魏源从小是个＿＿＿＿＿＿＿＿、喜欢独自静坐、爱思考的孩子。

2. 小朋友，你知道历史上还有哪些魏姓名人吗？

_____

陶

 起源

"陶"姓来源有二：一是源自官职，西周初，舜的子孙虞思是负责管理陶器的官员，其子孙便以祖先的官职为姓；二是源自职业，据传，先前尧帝以制陶为业，其子孙有以制陶为荣耀的，便以"陶"为姓。

 悦读故事

"靖节先生"陶渊明

东晋末年，江西浔阳出了一位名叫陶渊明的诗人，他家旁

边有五株柳树。因此，他给自己取名为"五柳先生"。

陶渊明祖上曾经地位显赫，但到他这一辈时，已经家道中落，变得很贫穷了。

后来，陶渊明当上了彭泽县令，但是他一向清高，不肯和贪官们同流合污，也不愿向当权者献媚求荣。于是，他辞去官职，回老家种田，过着隐居的生活。

其间，陶渊明写了大量歌颂田园风光的优美诗篇，也因此被尊为"田园诗派"的宗师。他不追求名利的高尚品格，受到历代人的尊敬，所以后世把他称为"靖节先生"。

悦读必考

1. "同流合污"的意思是跟着坏人_____。

2. 小朋友，你知道历史上还有哪些陶姓名人吗？请你列举几个。

_____

_____

_____

姜

　　"姜"姓主要来源于远古的炎帝神农氏。相传，神农氏出生在陕西岐山西南方的姜水河畔，于是他就以姜作为自己的姓，子孙世代相传。

姜太公钓鱼

　　商朝末年，姜太公经常在渭水边钓鱼。这钓鱼归钓鱼，但他钓鱼用的是像针一样的直钩，而且不放鱼饵。

　　一天，有个砍柴人来到河边，见太公用不放鱼饵的直钩在水面上钓鱼，便对他说："你这样是永远也钓不到鱼的！"而太公却回答："我不是为了钓到鱼而钓鱼，而是为了钓到王侯！"

　　太公这种奇特的钓鱼方法，终于传到了文王姬昌那里。姬昌意识到，这个钓者必是一位贤才，应该亲自去请他才对。于是，他带着厚礼前去聘请姜太公。太公见他诚心诚意来聘请自己，便答应为他效力。

后来，姜太公辅佐文王兴邦立国，还帮助文王的儿子姬发灭掉了商朝，实现了自己建功立业的愿望。

悦读必考

1. 仿照"我不是为了钓到鱼而钓鱼，而是为了钓到王侯"这句话，用"不是……而是……"造句。

   我不是＿＿＿＿＿＿＿＿＿＿＿，而是＿＿＿＿＿＿＿＿＿＿＿。

2. 小朋友，你钓过鱼吗？用不放鱼饵的直钩在水面上可以钓到鱼吗？说说理由。

   ＿＿＿＿＿＿＿＿＿＿＿＿＿＿＿＿＿＿＿＿＿＿＿＿＿

谢

起源

   "谢"姓主要有两个来源：一是出自"姜"姓，是炎帝后裔申伯的后代，根据春秋时的记载，申国被楚国灭掉，其子孙便以新都邑为姓，称谢氏；二则出自"任"姓，为黄帝的后裔。

悦读故事

淝水之战

西晋灭亡后，中国历史进入了分裂割据的南北朝时期。在

北方，前秦经过多年征战，终于统一了北方。前秦皇帝苻坚因此踌躇满志，企图一举荡平偏安江南的东晋，统一南北。383年，苻坚亲率九十万大军从长安南下。

东晋王朝在强敌压境，面临生死存亡的危急关头，派谢玄作先锋，抵抗前秦的进攻。谢玄率领经过多年训练、有较强战斗力的八万"北府兵"沿淮河西进，迎击秦军主力。

由于秦军紧逼淝水布阵，晋军无法渡河，只能隔岸对峙。谢玄就派使者去见苻融，用激将法对他说："将军率军深入晋地，却紧逼河岸布阵，这难道是想决战吗？你把阵地稍向后退，空出一块地方，让我军渡过淝水，双方一决胜负如何？"

秦军诸将都表示反对，但苻坚认为可以将计就计，让军队稍向后退，待晋军半数渡过河时，再以骑兵冲杀，这样就可以取得胜利。前秦主将对苻坚的计划也表示赞同，于是就答应了谢玄的要求，指挥秦军后撤。

但秦军士气低落，结果一后撤就失去控制，阵势大乱。谢玄率领八千骑兵，趁势抢渡淝水，向秦军猛攻。东晋派间谍在秦军阵后大叫："秦兵败了！秦兵败了！"前秦士兵信以为真，于是转身竞相奔逃。前锋的溃败，引起后续部

队的惊恐，也随之溃逃，形成连锁反应，结果全军溃逃，向北败退。

自此，谢玄创造了历史上又一个以少胜多的成功战例。

 悦读必考

1. "将计就计"的意思是，利用对方所用的计策，反过来_____。

2. 小朋友，你知道历史上还有哪些谢姓名人吗？请你列举出几个。

鲁

 起源

"鲁"姓主要来自"姬"姓，是周公的后代。据载，西周武王分封时，周公旦被封在东方的鲁国，由于要留在都城辅佐周王，于是，他就派儿子伯禽去了鲁国。战国时，鲁国被楚国灭掉，其子孙就以原国名为姓，世代相传。

 悦读故事

鲁班发明石磨

古时候，人们要想得到面粉，得把麦子放在石臼中，用沉

重的石杵去捣。这样既费时又费力。

一天，鲁班看到一个老太太正在捣麦子。老太太举不起石杵，便扶着石杵，在石臼里研磨麦粒。鲁班一看，石臼里的麦粒有不少已经磨成了粉。他灵机一动，赶忙回家，找来两块石料，把石料凿成两个大圆盘，又在圆盘的一面凿出槽，其中的一个圆盘还装上了木把。只见鲁班把两个圆盘合在一起，凿槽互相吻合，又把装有木把的石盘放在上面，并且在圆盘中间放上麦粒，然后转动上面的石盘，麦粒很快就磨成了面粉。

悦读必考

1. "研磨"的"磨"读音是_____，另外一个音为_____，组词为_____。

2. 你还了解鲁班的哪些故事？请你和其他小朋友分享一下吧！

_____

_____

苏

起源

　　"苏"姓最先起源于周朝。周武王时颛顼后裔忿生任职司寇，受封于苏国。春秋时，苏国被狄人攻灭。苏国的后裔就以原国名"苏"为姓，其始祖为苏忿生。

悦读故事

悬梁刺股

　　战国时期，有一个人叫苏秦。他在列国游历了好几年，也没做成官。

　　后来，他的钱用光了，衣服也穿破了，只好狼狈地回到家里。

　　苏秦回到家中，家人都讥笑他不务正业，只知道搬弄口舌。

　　母亲劝他说："你不学当地人种庄稼养家糊口，反倒老想出去耍嘴皮子求富贵，那不是把实实在在的工作扔掉了，而去追求根本没有希望的东西吗？"

　　苏秦知道自己这么多年来碌碌无为，很对

不起家人，于是决心发愤读书，用知识充实自己，然后干一番事业。

苏秦常常读书到深夜，有时疲倦得直想睡觉。于是，他想出了两个方法：他把自己的头发用一根绳子绑在屋梁上，低头打瞌睡的时候就会拉到头发，人一疼就清醒了；还准备了一把锥子，一打瞌睡，就用锥子往自己的大腿上刺一下，这样猛然间感到疼痛，就会立刻清醒过来，继续读书。

就这样，用了一年多的时间，苏秦对知识的掌握更加透彻了。后来，他得到了燕昭王的赏识，实现了一腔抱负。

悦读必考

1. 填空。

   "疲倦"的近义词有_____、_____。（至少写两个。）

2. 照样子，写词语。

   碌碌无为（AABC）_____

葛

**起源**

"葛"姓有两个来源：一是出自"嬴"姓，以国名为姓；二是由鲜卑族复姓改姓得来，南北朝时，北魏"贺葛

氏"随魏孝文帝南迁洛阳后，定居中原，改姓为"葛"。

 悦读故事

力战不屈

清朝道光年间的浙江人士葛云飞，是一位鼎鼎有名的人物。当时，鸦片战争打响了，在英国侵略者攻打定海的时候，作为定海总兵的葛云飞表现出抵御外侮的大无畏精神。

据说，当时来犯的英国船只有二十九艘，英国士兵有两万多人，而葛云飞的手下只有两千余人。可是他们力战不屈，用大刀对付敌人的洋枪洋炮，最终全部壮烈牺牲。葛云飞虽然战死，但他大无畏的精神永垂不朽。

悦读必考

1. "无畏"的近义词是_____，反义词是_____。（各写一个。）

2. 小朋友，你还知道历史上有哪些葛姓名人吗？请你列举

出几个。

_____

_____

_____

起源

　　"范"姓的来源有两种：其一为杜氏的后裔，春秋时，杜伯的后代士会被晋国封在范地，其子孙便以封邑为姓；其二出自外族，晋朝时，范文的后代成为"范"姓的一支。

悦读故事

寒窗苦读的范仲淹

　　北宋著名的政治家、思想家范仲淹出生在一个贫困的家庭。在他年幼时，他的父亲就去世了。懂事的范仲淹从小就知道刻苦读书。

　　二十一岁时，范仲淹为了更好地学习，搬到了离家不远的一座清净的寺庙里。每天，他都煮一锅稀粥，分成四份，撒上些韭菜和盐，早晚各吃两份来充饥。

　　后来，范仲淹又到不用交学费的应天府书院去读书。五年

里，他为了抓紧时间学习，睡觉时都一直不脱衣服，实在累极了就用凉水洗把脸。因为贫穷，他有时甚至每天只喝一碗粥。

多年的寒窗苦读，为范仲淹打下了坚实的基础。后来，他终于成为受世人景仰的政治家、文学家。

1. 填空。

后来，他终于成为受世人_____的政治家、文学家。

2. 小朋友，你还知道历史上还有哪些范姓名人吗？请你列举出几个。

_____

_____

_____

"彭"姓主要来源有两个：一是由其他少数民族改姓而来；二是以国名为姓，据载陆终第三子篯铿居于彭地，建立大彭氏国，后大彭氏国被灭，他的后人便以原国名"彭"为姓。

军事家彭越

彭越与韩信、英布并称"汉初三大名将"。

彭越是世界战争史上第一个正式使用游击战术的军事家，可以说是游击战的始祖。论军事谋略与指挥才能，他不如韩信，但论功绩，他却有过之而无不及。

在楚汉战争中，正是由于他率部队在楚军的后方开展游击战，用敌进我退、敌退我追的战术，让项羽两面作战，疲于应付，使楚军的粮食装备得不到补给，从而使前线的汉军不会被项羽歼灭。

刘邦的军队正是以刘邦的正面防御，韩信的千里包抄和彭越的后方游击战为基础，才能在最后的垓

下之战中得以歼灭项羽麾下疲惫的军队，并取得最终的胜利。

1. "麾下"的意思是指将帅的＿＿＿＿＿＿＿＿＿＿＿＿＿＿＿。

2. 小朋友，你还知道历史上有哪些彭姓名人吗？请你列举
出几个。

＿＿＿＿＿＿＿＿＿＿＿＿＿＿＿＿＿＿＿＿＿＿＿

马

　　"马"姓主要来自"嬴"姓，形成于战国时期。据史
书记载，赵惠文王时，赵奢奉命抗击秦军，获胜后被封在
马服，他被称为马服君。最初，他的子孙以马服为姓，后
改姓马。

悦读故事

马革裹尸

　　马援是东汉的开国元勋，他平定了边疆的叛乱，威震天
下，被封为伏波将军。

　　马援回到京城洛阳，大家纷纷向他祝贺，众多道贺者中有

个名叫孟冀的官员，平时以有计谋出名，也向马援说了几句恭维话。

马援对孟冀说："为什么先生不说些指教我的话，却只是一味夸奖我呢？"

孟冀不知如何应对。

马援又说："如今，匈奴和乌桓还在北方不断南下攻击，我打算向朝廷请命，赴前线杀敌，做一个有志男儿。男儿应该战死在边疆的战场上，只用马皮裹着尸体就行了，怎么能躺在床上，死在儿女的身边呢？"

孟冀听了，由衷地佩服马援。

一个月后，马援又奔赴北方前线。他征战多年，六十三岁时病死在军中。

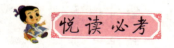

1. 用"佩服"写一句话。

_____

_____

2. 小朋友，你知道历史上还有哪些马姓名人吗？请你列举出几个。

_____

_____

_____

方

起源

　　"方"姓主要有三个来源：其一出自"姬"姓，周宣王时封方叔于洛地，他的子孙便以他的字为姓；其二出自雷氏及方相氏的后裔；其三出自方雷氏及方相氏，为神农氏第八代孙帝榆罔之子雷之后，以地名为氏。

悦读故事

神童变庸人

　　北宋时，有个叫方仲永的孩子，他从小就会写诗，被人们称为"神童"。有的人不信，就当面给方仲永指定事物，叫他写诗。方仲永都能立刻成诗，而且文采绚丽。从此，方仲永"神童"的名号越传越大。

　　县里的一些名流富人也十分欣赏方仲永，他们经常出钱让他写诗。方仲永的父亲看到这种情况，认为这是件有利可图的好事，于是便放弃了让方仲永上学读书的念头，每天带着方仲永轮流拜访县里的名流富人，借以表现方仲永的作诗天赋，博得那些人的夸赞和奖励。

可是，由于长期不努力学习，神童渐渐变得才思不济。长大以后，他成了一个很平庸的人。

1. 根据拼音写词语。

　　lún liú　　　　　　yǒu lì kě tú　　　　　　píng yōng
　　（　　）　　　　（　　　　　　）　　　　（　　　　　）

2. 小朋友们，你们知道方仲永从神童变成庸人的原因吗？说说看吧！

_____

_____

　　"袁"姓的来源比较单一，主要出自"妫"姓，是舜帝的后代。

袁枚为豆腐三折腰

　　袁枚是乾隆年间的著名诗人。一次，他在海州一位名士举办的酒宴上，品尝了一道用芙蓉花烹制的豆腐。这豆腐制作得

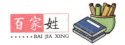

非同一般，细腻得像凝脂，透着一股热腾腾的清鲜味。

袁枚馋得直咽口水，他夹了一块，细细品味之后，满意地抹了抹嘴巴，离开餐桌，笑呵呵地向主人请教做法。

主人是位年老赋闲在家的官吏，见这样一位闻名遐迩的大文人求教，心里自然高兴，故意开玩笑说："这是金不换哪！当年陶渊明不为五斗米折腰，请问你肯不肯为这豆腐而三折腰？"

袁枚一听，毕恭毕敬地向这位老人弯腰三鞠躬。

老人赶忙频频答礼，然后，将豆腐的做法教给了他。

悦读必考

1. "闻名遐迩"中"遐"指＿＿＿＿＿＿＿＿；"迩"指＿＿＿＿＿＿＿＿。

2. 小朋友，你知道历史上还有哪些袁姓名人吗？请你列举出几个。

＿＿＿＿＿＿＿＿＿＿＿＿＿＿＿＿＿＿＿＿＿＿

＿＿＿＿＿＿＿＿＿＿＿＿＿＿＿＿＿＿＿＿＿＿

"柳"姓主要有两个来源：其一是由"展"姓发展而来，相传春秋时鲁国有个主管刑狱的人叫展禽，受封于柳下，人称柳下惠，其子孙便以封地为姓；其二则是楚怀王的孙子，秦末时被项羽推举为首领，在柳城建都，其子孙也以柳为姓。

柳公权与无臂老人

柳公权是唐代著名的书法家，他年纪很小的时候就已经很有名气了。

有一次，柳公权和小朋友们在树下写毛笔字玩。

他把自己的字拿给一位乘凉的老人看，老人看到他骄傲的样子后却笑着说："华原城里有个失去双臂的老人，用脚写字。他的字可比你写得漂亮多了！"

第二天一大早，柳公权就跑到了华原城。他果然见到一位没有双臂的老人，用脚写着字，写出的字龙飞凤舞，力透纸背。

柳公权佩服得五体投地，立即跪下，拜老人为师，讨教写字的秘诀。

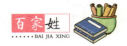

老人见他诚心，便说："我磨墨用了八大缸水，可是我的字还差得远呢！"

柳公权非常惭愧，从此，他刻苦练字，终于形成了自己的独特风格，他的字体成为后来举世闻名的"柳体"。

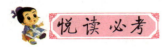

1. "龙飞凤舞""力透纸背"在文中各是什么意思？

_____

_____

2. 小朋友，你知道历史上还有哪些柳姓名人吗？请列举出几个。

_____

_____

_____

"唐"姓来源主要有三种：其一出自"祁"姓，是黄帝的后代；其二出自"姬"姓，周成王将叔虞封在唐地，叔虞的子孙以国为姓；其三为东汉时他族加入唐姓。

唐伯虎送画

唐伯虎是明代著名画家。一天，他在外游玩，很晚还没回家。

一位老更夫把他请到家里，用酒菜热情地招待他。

唐伯虎临走前，画了一幅画送给老人。画中有一棵大树，分出五个枝，树的正中有一个大鸟窝，窝里伸出五只画眉鸟的

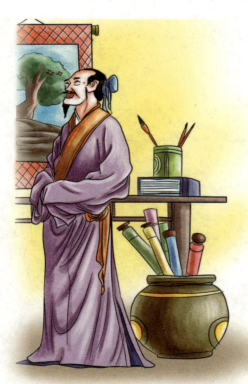

头。唐伯虎对更夫说道："以后你打更就用不着点香来计时辰了。每到一更，窝里的画眉鸟就会有一只飞到树枝上，鸣叫一声。等到第五只画眉鸟飞出的时候，就是五更天了。"

老更夫将信将疑。当晚，他把画打开，刚挂上墙，那画上已经有只画眉鸟在枝头上了。二更刚到，第二只画眉鸟又叫喳喳地飞出来了。老更夫见自己得到如此稀罕的宝画，笑得合不拢嘴。

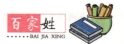

1. 选择正确的读音。

　　"更夫"的"更"读作（　　　　）

　　A.jīng 　　　　B.gēng 　　　　C.gèng

2. 小朋友，你知道历史上还有哪些唐姓名人吗？

_____

_____

　　"薛"姓主要来源有三个：其一出自黄帝时的"任"姓，为奚仲的后代；其二出自"妫"姓，为战国时期孟尝君的后裔；其三由他姓或他族改姓而来。

薛仁贵三箭定天山

　　薛仁贵是中国历史上赫赫有名的大将，他不仅很有胆略，而且英勇善战。他随唐太宗远征高丽时，一路所向无敌，被封为游击将军。

　　后来，北方的少数民族突厥经常举兵南下，严重威胁到了

唐朝边境的安全。661年，薛仁贵率军抗击突厥，得知消息的突厥派出十几万大军迎战。

薛仁贵身先士卒，一马当先，三箭便将三个挑战者射落马下，其余的突厥兵吓得下马投降，薛仁贵趁势率军击败了突厥大军，他的威名也随之传扬四海。军中的士兵都纷纷传唱："将军三箭定天山，壮士长歌入汉关。"

悦读必考

1. 看拼音，写词语。

hè hè yǒu míng　　　　　yì mǎ dāng xiān

（　　　　　）　　　（　　　　　）

2. 小朋友，你知道历史上还有哪些薛姓名人吗？

_____

_____

_____

贺

　　"贺"姓主要来源于"姜"姓,多是为避讳帝王名讳所改的姓氏。相传春秋时,齐桓公的曾孙庆封因内乱逃到吴国。到东汉时,为避讳汉安帝父亲刘庆的名讳,便将"庆"改为同义的"贺"字。

金龟换酒

　　贺知章是唐朝著名的诗人,为人直爽、豁达健谈,当时的达官显贵都很仰慕他。

　　贺知章的名气虽然很大,但是他虚怀若谷,求贤若渴。他在京城身居要职的时候,李白还只是一个刚崭露头角的诗人。

　　一次,李白来到长安,贺知章来访,两个人谈诗论文,一见如故。贺知章邀李白去饮酒,却发现身上没有带钱,就毫不犹豫地解下随身所佩的金龟,换酒对饮。

　　后来,在贺知章和玉真公主的推荐下,李白被唐玄宗任命为翰林学士。

　　贺知章死后,李白写诗怀念他道:"四明有狂客,风流贺季真。长安一相见,呼我谪仙人。昔好杯中物,今为松下尘。金龟换酒处,却忆泪沾巾。"

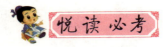

1. "虚怀若谷"指胸怀像山谷一样深广，形容_____
_____。

2. 小朋友，你知道历史上还有哪些贺姓名人吗？请你列举
几个。

_____

_____

　　"罗"姓来源于黄帝四世孙祝融。祝融子孙居住在河南罗山一带，最初只是一个部落。后来，武王伐纣时，罗人功勋卓著，他们的部落被封在宜城，建立了罗国。春秋时，罗国被楚国所灭。为了纪念故国，罗国子民们便以原国名"罗"为姓。

小说家罗贯中

　　元末明初著名小说家罗贯中不仅写出了我国四大名著之一的《三国演义》，还写了《隋唐两朝志传》《残唐五代史演

义》等许多通俗演义。罗贯中一生所取得的这些辉煌成就，与他的努力是分不开的。

一天，罗贯中的家人都出门了，他独自一人留在家里写《三国演义》。

这时来了一个乞丐，说："行行好，小人断粮都几天了。"

罗贯中正写到周瑜领蒋干察看后营粮草，听到乞丐说"断粮"，头也没抬就说："营内粮草堆积如山，即可取之！"然后又继续专心写他的书。

乞丐听他这么说，便放心地把米背走了。

罗贯中的妻子回来知道后，又生气又好笑，只好借米度日。

悦读必考

1. 根据课文填空。

"营内粮草＿＿＿＿＿＿＿＿＿＿＿＿＿＿＿＿，即可取之！"

2. 小朋友，你读过《三国演义》吗？书中给你留下深刻印象的人物有哪些？

＿＿＿＿＿＿＿＿＿＿＿＿＿＿＿＿＿＿＿＿＿＿＿＿＿

于

　　"于"姓主要来源有三个：其一出自"姬"姓，为周武王姬发的后代；其二为东海（今山东东南、江苏苏北地区）于公的后代；其三是唐朝淳于氏为避讳皇帝李纯的名，而改姓"于"。

两袖清风

　　于谦是明朝著名的大臣，从小就有远大的志向。他的祖父收藏了一幅文天祥的画像，于谦十分钦佩文天祥，就把画像挂在书桌边，题上词，表示一定要向文天祥学习。

　　明朝官场贪污成风，地方官员进京办事，总要先送白银贿赂上司，只有于谦从来不送礼品。

　　有人劝他说："您怎么不送金银财宝？"

　　于谦甩动他的两只袖子，笑着说："我只有两袖清风。"

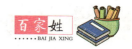

他还写了一首诗，表明自己的态度，诗的后面两句是："清风两袖朝天去，免得闾阎话短长。"

 悦读必考

1. 选择合适的含义。

"接受贿赂"中的"贿赂"含义是＿＿＿＿＿＿，"贿赂上司"中"贿赂"的含义是＿＿＿＿＿＿。

　①动词，用财物买通别人；②名词，指用来买通别人的

　　财物。

2. 小朋友，你知道历史上还有哪些于姓名人吗？请你列举几个。

＿＿＿＿＿＿＿＿＿＿＿＿＿＿＿＿＿＿＿＿＿＿＿＿＿＿

＿＿＿＿＿＿＿＿＿＿＿＿＿＿＿＿＿＿＿＿＿＿＿＿＿＿

＿＿＿＿＿＿＿＿＿＿＿＿＿＿＿＿＿＿＿＿＿＿＿＿＿＿

顾

 **起源**

　　"顾"姓有两个主要来源：其一出自昆吾氏，据传，夏代昆吾氏的子孙被封在顾国，夏末时被商汤攻灭，散居各地的顾国王族子孙便以原国名为姓；其二出自越王勾践的后裔。

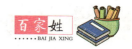

顾炎武读书

顾炎武小时候，由于家庭的缘故，被送给叔叔抚养。叔叔婶婶对他很好。婶婶出身书香门第，很有学问，为了教育好顾炎武，婶婶给他讲历史故事、人物传记，教顾炎武读书识字。

顾炎武聪慧极了，很快就学会了很多知识，得到了无数的夸奖和肯定。这时，年幼的顾炎武有些飘飘然了。

婶婶没有直接批评他，而是让顾炎武背诵当朝刘基写的《卖柑者言》这篇文章。然后婶婶问："这篇文章写的是什么意思，你知道吗？"

顾炎武说："文章说某些人'金玉其外，败絮其中'，华而不实。"

婶婶意味深长地说："如果一个人刚刚有了一点进步就骄傲自满，满足于一知半解，那么这和'金玉其外，败絮其中'又有什么区别呢？"

顾炎武听后，惭愧地低下了头。

从此，他再也不张扬和骄傲了，端正了读书的态度，多了几分谦虚谨慎。经过长期的努力，他终于成为一代文学家和思想家。

1. 写出下列词语的近义词。

骄傲_____   钦佩_____

2. 小朋友，你知道历史上还有哪些顾姓名人吗？

_____

_____

　　"孟"姓的来源主要有两个：其一源自春秋时的鲁国公族，是周文王的"姬"姓子孙，始祖为鲁桓公的儿子庆父；其二源自春秋时的卫国，始祖为卫灵公之兄孟絷。

孟母断杼教子

　　孟子名轲，字子舆，是战国时代邹国人。孟子幼年时父亲就去世了，全靠他那位贤淑的母亲抚养长大。

　　孟子上学后不久，有一天母亲问他："你今天在学校学了些什么？"

　　"我不知道！"孟子答不出来，脸上却没有一点羞惭的

样子。

母亲愤怒地拿起一把刀，一下子割断了织布机上正在编织的布匹。

孟子惊讶地说："娘，为什么要把这好好的布割断呢？"

孟母生气地说："一个人如果不肯好好研究学问，就跟这割断的布一样，再也没有法子继续织成一块有用的料子了！你上了学，却又不肯好好读书，那去学堂又有什么用呢？"

听了母亲的教诲，小孟轲十分惭愧，从此便开始努力读书，学问也不断长进，最终成为了我国古代著名的大思想家。

1. 给加点的字选择合适的读音。

教书（　　　）　　　　教诲（　　　）

A.jiào　　　　　　　　B.jiāo

2. 小朋友，你认为环境对学习的影响大吗？说说你的理由。

_____

_____

_____

"黄"姓主要来源于"嬴"姓，是远古氏族首领陆终的后代。相传，其后代建立黄国，随后又被楚国灭掉，其子孙便以原国名为姓。

黄盖献苦肉计

三国时期，曹操与孙刘联军在赤壁展开大战。

一开始，准备充足的曹军势不可挡，周瑜便派庞统假装投靠曹操，献上连环计。果然，曹操听从了庞统的建议，将战船连在了一起。

但是由于没有内应，孙刘联军依然无法接近曹操的船只放火。这时，老将黄盖献上了苦肉计。第二天议事时，黄盖力劝周瑜投降，两人为此争吵起来，一怒之下，周瑜将黄盖打了五十军棍。夜里黄盖派人送信给曹操，说自己准备投降，曹操十分高兴。

就在冬至那天，刮起了东南风，黄盖的降船装满引火之物冲向曹军，点燃了曹操连在一起的船队。孙刘大军趁势出击，取得了赤壁之战的胜利。

悦读必考

1. 根据课文填空。

一开始，准备充足的曹军＿＿＿＿＿＿＿＿＿＿＿＿＿，周瑜便派庞统假装＿＿＿＿＿＿＿＿＿＿＿＿曹操，献上连环计。

2. 小朋友，你知道历史上还有哪些黄姓名人吗？请你列举几个。

_____

_____

姚

起源

"姚"姓来源有三个：一是出自舜，相传颛顼的后代舜因生在姚墟，其子孙便以地名为姓，称"姚"氏；二是出自于"子"姓，春秋时期有个姚国，为商族后裔，其子孙就以原国名为姓；三是由他族改姓而来。

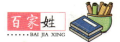

姚崇治蝗

唐玄宗开元年间，靖山以东地区发生了严重的蝗灾。铺天盖地的蝗虫把庄稼吃了个精光，就连树叶和野草也都被吃光了。

老百姓迷信，以为是上天来惩罚自己的，因此眼睁睁地看着蝗虫作乱而不敢捕捉。

丞相姚崇建议唐玄宗应该采取积极的措施来消灭蝗虫。

玄宗皇帝同意了他的意见，于是派人去地方督促捕杀蝗虫。

但有些地方官怕上天降罪，不敢听从朝廷的安排。这时，唐玄宗也犯了嘀咕。

姚崇说："蝗虫不除，百姓就没有收成，没有收成百姓就会背井离乡，时间一长就会出大乱子。"

唐玄宗认为姚崇说得有道理，就按姚崇的布置，最终消除了蝗灾。

悦读必考

1. 根据文意，解释词语"背井离乡"。

_____

_____

2. 小朋友，你知道历史上还有哪些姚姓名人吗？请你列举
几个。

_____

_____

"毛"姓主要源自"姬"姓。西周时，周武王将毛国
封给了自己的弟弟叔郑，叔郑的子孙就姓毛了。此外，周
文王的儿子伯聃被封在毛邑，伯聃的子孙就以封地为姓，
世代姓毛。

毛遂自荐

战国后期，秦国攻打赵国，赵王派平原君去楚国搬救兵。
平原君接到命令后，打算挑选二十名门客一同前往。

这时，一个叫毛遂的门客自告奋勇地站了起来，要求一同
前去。

平原君说："你在我这里三年了，也没听说过你有什么本
事，还是别去了吧！"

毛遂说："那是您没有用我，如果让我去，我一定不会让

您失望的。"平原君见他信心十足，便答应让他一起去。

到了楚国，楚王因害怕秦国报复而不愿意出兵相救。

这时，毛遂勇敢地站了出来，对楚王讲清秦国壮大后对楚国的危害，说服他出兵救赵，并和赵王订立了抗秦盟约，从而解除了赵国的危机。

1. 用"自告奋勇"造句。

　　　　　　　　　　　　　　　　　　　　。

2. 小朋友，你知道历史上还有哪些毛姓名人吗？请你列举几个。

　　"戴"姓主要有三个来源：一是出自"子"姓，是商

朝微子启的后代；二是出自"姬"姓，春秋时的戴国被宋国所灭后，戴国的后人便以戴为姓；三是由"殷"姓改为"戴"姓。

悦读故事

穷根究底

戴震是清代著名的学者，他从小就刻苦读书，每天都坚持熟读几千字的文章，无论读什么书，一定要弄清楚书里每一个字的意思。讲课时，老师一般只粗略地进行讲解，往往不再做进一步的解释。看到戴震这么喜欢刨根问底，老师就取出许慎的《说文解字》交给他，让他自己去查阅。

这样过了三年，戴震完全掌握了所学的内容。接着，他又拿出汉代经学家的各种著作，相互参照、考证，把《十三经》全都弄通了。

清乾隆年间修编《四库全书》，皇帝特别任命他为纂修官。

1. 根据拼音写词语。

   páo gēn wèn dǐ   jiān chí
   （   ）   （   ）

2. 小朋友，你知道历史上还有哪些戴姓名人吗？请你列举
   几个。

___

"宋"姓主要出自"子"姓，是商朝微子启的后代。
周灭商后，周武王将微子启封在商丘，建立宋国。战国后
期，宋被齐国所灭，宋国子孙便以原国名为姓。

名相宋璟

宋璟是唐代著名的政治家。他为人正直，敢说敢做，唐玄
宗很欣赏他。

有一年中秋节，唐玄宗在宫中摆酒宴款待大臣。开宴时，
他把自己用的一双金筷子送给了宋璟。宋璟一时猜不透皇帝的

心意，百官也很奇怪。唐玄宗见大家疑惑不解，笑着解释说："我赏赐的东西，不是黄金，而是筷子，用来表彰宋爱卿的忠直。"

宋璟听后，赶紧离席拜谢，百官也恍然大悟，纷纷举杯向宋璟祝贺。

由于唐玄宗赐宋璟金筷子表彰他的忠直，朝廷因此增加了许多敢于直言进谏之人。开元年间，正是由于君主开明，群臣贤能，在他们的共同治理下，唐朝才逐渐走向极盛。

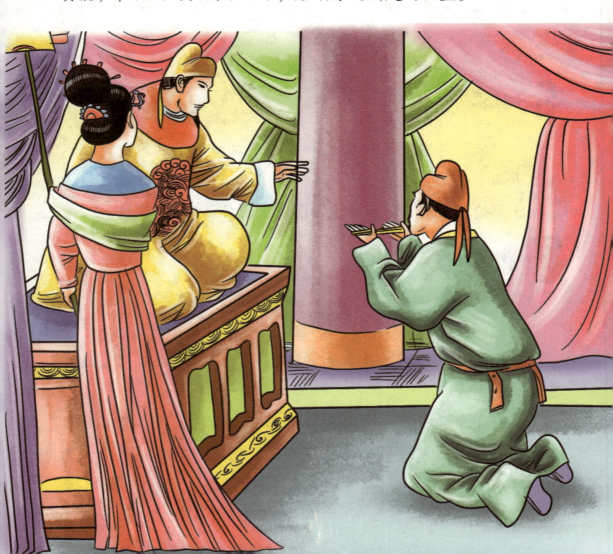

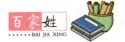

不必要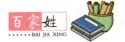

悦读必考

1. 填空。

宋璟听后，赶紧离席拜谢，百官也＿＿＿＿＿＿＿＿，纷纷举杯向宋璟祝贺。

2. 小朋友，你知道历史上还有哪些宋姓名人吗？

＿＿＿＿＿＿＿＿＿＿＿＿＿＿＿＿＿＿＿＿＿

屈

起源

"屈"姓的来源有三个：一是夏代时的屈骜，是屈氏的祖先；二是先秦时期被封于屈（今湖北秭归东部）的楚国武王之子莫敖瑕的后代；三是北魏孝文帝在"胡姓汉化"的运动中改鲜卑族的复姓"屈突"为单姓"屈"。

悦读故事

浪漫主义诗人屈原

屈原本是楚国的贵族，从小受到良好的教育，博学多才。长大后的屈原历任高官，却由于奸臣陷害，被革职流放到湘南。满怀报国热情的屈原落到如此地步，悲愤至极。长期颠沛流离的生活和忧国忧民的心情，让屈原写出了大量感人至深的

087

优美诗篇，开创了我国浪漫主义诗歌的先河。

公元前278年，秦国攻打楚国，楚国人民惨遭蹂躏。屈原不忍心看着国家灭亡，就在汨罗江畔投江殉国。

此后，每到农历五月初五，老百姓都会包粽子、划龙舟来纪念这位爱国诗人。端午节便由此而来。

1. 结合课文，说说"博学多才"的意思是什么？

_____

2. 小朋友，你知道历史上还有哪些屈姓名人吗？

_____

"项"姓主要有两个来源：一是出自"芈"姓，是楚国王族的后裔；二是出自"姬"姓，源自周代的项国。

项羽破釜沉舟

秦朝末年，起义烽火燃遍全国。秦将章邯率领大军把赵歇

的起义军围困在巨鹿城。赵歇无法突围，只好派人向楚国求救。

楚怀王任命宋义为上将，项羽为次将，率领二十万大军救援。

项羽率领全军渡过漳河后，便吩咐将士只带三天的干粮，并把做饭的锅都砸碎，把船都凿沉，把营房帐篷也都烧了，表示与秦军决一死战。

战斗开始后，项羽冲锋在前，将士们受到鼓舞，无不奋勇杀敌。经过九次激战，项羽大败秦军，活捉了秦将章邯。

悦读必考

1. "破釜沉舟"中"釜"的读音是_____，成语的意思是_____。

2. 小朋友，你知道历史上还有哪些项姓名人吗？请你列举几个。

_____

_____

_____

　　"董"姓主要有三个来源：一是出自黄帝轩辕氏的后裔；二是出自颛顼帝的后裔；三是出自"姬"姓。

三年不窥园

　　西汉时，大学问家董仲舒为了专心研究学问，整天待在书房里，什么事情也不过问。

　　在他家旁边有一个菜园，里面种着各种瓜果蔬菜。但是，他研究学问太入迷了，三年多的时间里竟没有踏进过那个菜园一步。因此，后来有人称他"三年不窥园中菜"。

　　功夫不负有心人，经过刻苦学习，董仲舒成了我国古代著名的思想家。

　　直到今天，董仲舒这种专心学习，不为杂事所累的精神，仍值得我们学习。

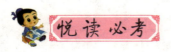

　　1. 根据课文填空。

_____，经过刻苦学习，董仲舒成了我国古代著名的思想家。

2. 结合文中的故事，说说什么叫"功夫不负有心人"？

_____

_____

_____

起源

"梁"姓来源比较复杂：一是出自"嬴"姓，为伯益的后裔；二是出自"姬"姓；三是以封地作为姓氏；四是战国初年魏国大梁人的后代；五是北魏时少数民族改姓而来。

悦读故事

梁鸿孟光举案齐眉

东汉时，有一个叫梁鸿的人，他不仅有学问，而且长得一表人才，附近的未婚女子都想嫁给他，但他都看不上。后来，他娶了一位叫孟光的女子为妻。孟光虽然不是美女，但非常有修养。

　　有一年，梁鸿写的文章得罪了官府，被官府追捕，逃到了山东。为了生活，梁鸿只好给大户人家做工挣钱。他每天干完活回家后，孟光都为他做好饭，并把托盘举到眉毛处，送给他吃。梁鸿、孟光在生活中互相关心、相敬如宾，成为千百年来夫妻和谐的典范。

 悦读必考

1. "典范"的近义词是_____。
2. 小朋友，你知道历史上还有哪些梁姓名人吗？请列举几个。

_____

_____

_____

杜

 起源

　　"杜"姓来源比较单一。据载，西周周成王时，唐国被周公旦灭掉，叔虞封于唐，将唐国国都迁到杜城，改称唐杜氏。杜国灭亡后，国君杜伯的子孙大多投奔其他诸侯，而留在杜城的就以杜为姓了。

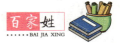

"诗圣"杜甫

杜甫是唐代著名的大诗人，他从小就聪明好学，长大后游遍了祖国的大好河山。后来，他参加了唐朝的科举考试，因为没有人情关系，又没有钱财送礼，所以当时没有被录用。杜甫落榜后，觉得还是自由散漫的生活比较适合自己，可以随心所欲。

后来，他遇到了著名的诗人李白，二人一见如故，并且互相欣赏对方的人品和才学。他们经常作诗相和，成了非常要好的朋友。

杜甫一生心怀报国的志向，关心下层老百姓的疾苦，写下了不少现实主义诗作，成为古代杰出的大诗人，并被后人誉为"诗圣"。

悦读必考

1. 按照课文填空。

杜甫落榜后，觉得还是＿＿＿＿＿＿的生活比较适合自己，可以＿＿＿＿。

2. 小朋友，你知道历史上还有哪些杜姓名人吗？

＿＿＿＿＿＿＿＿＿＿＿＿＿＿＿＿＿＿

＿＿＿＿＿＿＿＿＿＿＿＿＿＿＿＿＿＿

　　"贾"姓主要有两个来源：一是出自"姬"姓，周康王把贾这个地方赏赐给弟弟公明，公明的后代便以贾为姓；二是出自狐偃的后代，晋文公灭了贾国后，将贾地赏给狐偃的儿子，他的子孙便以贾为姓了。

苦吟诗人

　　贾岛是唐代著名的诗人，他写诗十分认真，被人们称为"苦吟诗人"。

　　一次，他写下了"鸟宿池边树，僧敲月下门"的诗句。可是想了想，他把"僧敲月下门"中的"敲"字改成了"推"字，可一会儿又觉得还是"敲"字好一些。于是就两手做着推与敲的动作，边走边琢磨。

　　谁知，他一不留神撞到了大文学家韩愈的轿子。韩愈问明了情况后，不但没有责怪他，还和他一起分析哪个字

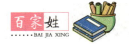

更好。

直到现在，人们还把这个故事中引申的典故"推敲"，作为认真学习的代名词呢。

1. 根据课文填空。

鸟宿池边树，_____。

2. 小朋友，你知道历史上还有哪些贾姓名人吗？

_____

"江"姓主要来自"嬴"姓，舜帝时，伯益因辅佐大禹治水有功，被赐"嬴"姓。西周时，伯益的后裔建立江国。春秋时，江国被楚国灭掉，其子孙便以原国名为姓。

悦读故事

江泌追月

江泌是南北朝时有名的学者，他小时候家里很穷，每天替人削制木鞋底，帮助家里挣钱。但江泌酷爱读书，他把鞋摊摆

在学堂附近，每天一边削制木鞋底，一边
留神听先生讲课。可到了晚上，由于没
钱买灯油，他便无法读书了。

一年中秋节，月光把大地照得又
白又亮，江泌灵机一动，心想：明亮
的月光不也可以照明吗？从此，他每
晚都爬上屋顶，在月光下读书。

经过刻苦地攻读，江泌终于成为
一个知识渊博的学者。

1.读拼音，写词语。

　　　yuān bó　　　　　　　fù jìn

　　（　　　　　）　　（　　　　　）

2. 小朋友，你知道历史上还有哪些江姓名人吗？请你列举
　　几个。

_____

　　"郭"姓有三个主要来源：其一出自夏、商时代郭

支与郭崇的后代；其二以居住的地方为姓；其三则出自
"姬"姓，为被封于虢的黄帝的后裔，因"虢"与"郭"
同音，便有了"郭"姓。

悦读故事

科学家郭守敬

元代出了一个杰出的天文学家、水利学家和数学家，此人
便是郭守敬。

他一生中，设计制造了"简仪"（赤道仪）、"高表"等
二十多种天文仪器，并对天象进行了精密观测，编制成了当时
最先进、最详备的星表。由他主持编写的《授时历》是我国历
史上施行最久的历法，沿用了三百多年。经他之手的许多农田
水利和河道工程，对恢复元初北方的农业经济起到了积极的作
用。与此同时，郭守敬在数学方面也有独特的贡献。

这些成就使他在东西方都享有崇高的声誉。他获得的最大
的殊荣便是1981年国际天文学会将月球北面的一座环形山命名
为"郭守敬山"。

悦读必考

1. 杰出的近义词是_____，反义词是_____。

2. 小朋友，你知道历史上还有哪些郭姓名人吗？

_____

梅

起源

　　"梅"姓主要有三个来源：其一出自"子"姓，相传，商王太丁封弟弟于梅地，世称梅伯，商纣王时，梅伯因批评纣王被杀，周武王灭纣兴周，将梅伯的孙子封为忠侯，其子孙便以封地为姓；其二是南方少数民族的姓氏；其三则为满洲八旗中的改姓者。

悦读故事

布袋诗人

　　北宋时，与苏轼、苏舜钦齐名的还有著名诗人梅尧臣。说起这个梅尧臣，他有个奇怪的习惯，每次外出时总爱带个布袋子。

　　一次，梅尧臣和朋友们去登鲁山，当大家在一座小亭子休息时，他却偷偷跑进小树林。见此情景，大家十分不解，便悄悄地跟在他后面，发现他正在一块石头上写诗呢！其中一个朋友抢过布袋一看，发现里面装了许多纸条，上面都是他写的诗。原来，这个布袋是用来装随时写下来的诗文。

就这样，梅尧臣随时随地地捕捉生活中的形象，记录生活中的感受，并将其作为写诗的材料。所以,他才给后世留下了很多耳熟能详的著名诗篇。

 悦 读 必 考

1. 读拼音，写词语。

    qí guài   gǎn shòu

  （　　　　）   （　　　　　　）

2. 小朋友，你知道历史上还有哪些梅姓名人吗？

_____

_____

_____

林

起源

　　"林"姓有三个主要来源：其一出自"子"姓，相传是商朝末年名臣比干的后裔；其二源自"姬"姓，东周平王的儿子姬开，字林，其子孙以他的字为姓；其三是少数民族改姓而来。

虎门销烟

话说清朝道光年间，英国向中国输入大量鸦片，严重影响了我国人民的健康和国家经济的发展。禁烟派主将林则徐上书道光帝，痛陈鸦片的危害，主张严厉禁止鸦片在中国境内的流通。

1838年12月，被任命为钦差大臣的林则徐，前往广州主持禁烟工作。在广州，他与两广总督邓廷桢一起筹划如何加强海防，强令外国鸦片贩子上缴走私的鸦片，迫使英美商贩交出鸦片二百余万斤，并在虎门海滩上当众销毁。

此次虎门销烟的壮举，不仅表现了中华民族清除烟毒的坚定决心，而且还表现了中国人民反抗外国侵略者的伟大精神。

悦读必考

1. 写近义词。

危害——（　　　　）　　　　　严厉——（　　　　）

2. 小朋友，你知道历史上还有哪些林姓名人吗？

_____

徐

 起源

"徐"姓主要源自"嬴"姓，始祖是伯益的儿子若木。据史书记载，夏禹时，若木被封于徐，建立了徐国。春秋时，徐国被吴国所灭，其子孙便以原国名为姓。

 悦读故事

聪明的徐渭

明朝时，有一个著名的文学家、书法家兼画家，此人便是徐渭。他自幼聪明过人，经常受到人们的称赞。

有一天，徐渭的伯父把孩子们叫到竹桥边，说："谁能把这两桶水提过桥，便送他一个礼物。"由于桥身软，有弹性，人一走上去，桥就会弯得碰到水面，更别说提水过河了。

正当大家犯难之际，徐渭用两根绳子系着水桶，然后把桶放在水中，很容易地就过了小桥。

他刚要取礼物，伯父却把礼物吊在一根长竹竿上，说不能把竹竿横躺，也不能站在凳子上去拿。

徐渭眼珠一转，走到井边，把竹竿慢慢地放到井里，这样，礼物便轻易地取下来了。

大伙儿一起欢呼，称赞徐渭机智聪明。

1. 写近义词。（各写一个）

   容易_____　　　　机智_____　　　　称赞_____

2. 小朋友，你知道历史上还有哪些徐姓名人吗？

   _____

　　"蔡"姓主要有两个来源：一是出自"姞"姓，为黄帝的后裔；二是出自"姬"姓，周武王灭了商朝后，把一个叫蔡的地方赏赐给了叔度，叔度就成了蔡姓的始祖，他的后人也都以蔡为姓了。

蔡邕倒屣迎王粲

　　蔡邕是东汉著名的文学家，在长安非常有名气。

　　有个叫王粲的人，非常仰慕蔡邕，专门从山东步行到长安拜访他。

　　这天，蔡邕正在家中招待客人，听说王粲求见，连鞋子都

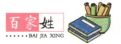

没穿好，倒拖着鞋子就去迎接王粲。

客人见王粲不过是个孩子，觉得蔡邕这样做有失身份。

可蔡邕却不这么认为，他热情地招待了王粲，并把他介绍给客人。

俩人从此成了好朋友，经常在一起学习、谈心，而蔡邕倒屣迎客的故事也被传为美谈。

悦读必考

1.读拼音，写词语。

    bài fǎng   yǎng mù   yíng jiē

  （   ）   （   ）   （   ）

2. 小朋友，你知道历史上还有哪些蔡姓名人吗？

_____

_____

_____

田

起源

"田"姓主要有两个来源：一是出自"妫"姓，是陈国的后裔，他们的封地叫田，后来便以封地为姓；二是"黄"姓改为"田"姓，为明朝黄子澄的后代。

悦读故事

田单出奇制胜

战国时期，燕国派大将乐毅率领军队，与韩、赵、魏、秦、楚五国联合攻打齐国，一连攻下七十多座城池，齐国退守在莒、即墨两座孤城，苦苦支撑。

危急时刻，齐国大将田单挺身而出，他多方麻痹围城的燕军。

见到时机成熟，田单征集了一千多头牛，给它们披上五彩的绸子，牛角绑上利刃，尾巴绑上泼了油的干草。

夜里，田单下令火烧牛尾，牛受到惊吓，疯狂地冲入燕军营中，五千精兵也随后杀出，将燕军杀得落荒而逃。

齐国乘胜追击，一举收复了城池。

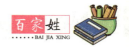

1. 结合课文，说说"乘胜追击"是什么意思？

_____

2. 小朋友，你知道历史上还有哪些田姓名人吗？

_____

　　"胡"姓主要有三个来源：一是出自"妫"姓；二是出自西周的两个胡国，春秋时被楚国所灭，其子孙便以原国名为姓；三是别的姓氏改为"胡"姓。

悦读故事

红顶商人

　　胡雪岩是清代著名的商人，年轻时在一家钱庄当跑街。

　　一天，他遇到贫困潦倒的王有龄，两个人一见如故，成了好朋友。

　　王有龄想到京城找差事，胡雪岩拿出自己的积蓄给他做路费。王有龄进京后，做了官，当上了浙江粮台总办。

　　王有龄一上任便去找胡雪岩，让他辞去跑街的工作，支持他自办钱庄。胡雪岩很有经商才能，钱庄办得红红火火。同时，他又从事对外贸易并经营药材，成为药业市场的巨头。

　　后来，由于胡雪岩为朝廷做出了贡献，皇帝赏给他官职和黄马褂，他成了有名的"红顶商人"。

 悦读必考

1. 照样子，写词语。

红红火火（AABB）_____

2. 小朋友，你知道历史上还有哪些胡姓名人吗？

_____

 万

起源

　　"万"姓主要有三个来源：一是出自"姬"姓，芮国

芮伯万的后代以其字为姓；二是春秋时晋国毕万的后代；三是他族改姓。

布衣修史

明末清初时，宁波有个叫万泰的学者，他有八个儿子，个个才华出众。其中，小儿子万斯同最出色。

万斯同对《明史》极有研究，但他并不想为满清出力。

后来，满清大学士徐元文征集天下名士编修《明史》。万斯同在征得老师黄宗羲的意见后，决定参加修史，但他不想接受官职，也不要俸禄。

他在京城一待就是二十三年，全力投入到编修《明史》的工作中。万斯同这种只重学问，不贪图名利的高尚品格，受到了所有人的敬重。

悦读必考

1. 请你写出几个形容人才华出众的词语。

_____

2. 小朋友，你身边有姓万的人吗？你知道历史上有哪些万姓名人吗？

_____

宗

起源

"宗"姓源于官职。周朝时有一种官职叫太宗，专门负责宫廷的典礼，在朝廷中的地位很重要。后来太宗的后代就以先辈的官职为姓。

悦读故事

渡河遗恨

宗泽是宋代著名爱国将领。南宋建立后，皇帝赵构不思进取，只想保住半壁江山。

而宗泽等抗金将领却积极组织军队，抵抗金兵的入侵。当时，宗泽不顾七十岁高龄，亲赴战争一线，指挥士兵作战，并多次打败金兵。正当南宋军队士气高涨时，赵构却害怕宗泽造反，派人监视宗泽。宗泽十分寒心，再加上劳累，最终病死了。

南宋朝廷最终也没有保住它的半壁江山，公元1279年，南宋被元朝攻灭。

悦读必考

1. 结合课文说说"半壁江山"的"半壁"和"江山"分别是什么意思？

_____

2. 小朋友，你知道历史上还有哪些宗姓名人吗？

_____

_____

丁

起源

"丁"姓来源比较复杂：一是出自商代诸侯丁侯的后代；二是出自姜太公的后裔；三为"孙"姓所改，是周文王的后裔；四是出自春秋时宋国大夫丁公的后代。

悦读故事

血洒刘公岛

中日甲午海战之后，清政府不敢同日军开战，下令北洋水师龟缩在威海军港。日军顺势制订了全歼北洋水师的计划。1895年2月，日军舰队向北洋水师发动袭击。为了掠夺北洋舰队

船只，日军派人给丁汝昌送信，要他率舰投降。丁汝昌识破了日军的阴谋，下令各舰血战到底，决不让日军得到一块甲板。由于港口被封锁，北洋舰队损失惨重。丁汝昌率军退到刘公岛，他誓死不肯投降，最后拔剑自刎。北洋水师全军覆没，清政府从此失去了制海权。

悦读必考

1. 根据课文填空。

   丁汝昌识破了日军的阴谋，下令各舰_____，决不让日军得到一块甲板。

2. 小朋友，你知道历史上还有哪些丁姓名人吗？

   _____

邓

起源

"邓"姓起源主要有两支：一支是出自商朝贵族的后代，商王武丁封自己的叔父于邓，建立邓国，国人就用国名作为自己的姓氏，改姓为邓；另一支"邓"姓缘于

"李"姓，是南唐王室的后代，南唐后主李煜封自己的第八个儿子为邓王，南唐亡国后，邓王为避难，于是就改姓为邓。

甲午英雄邓世昌

邓世昌是清朝末年著名的将领和民族英雄，他是清朝北洋舰队中"致远"号的管带。

1894年，清朝和日本之间爆发了黄海大战。战斗中，中国的旗舰被击伤，大旗被击落，邓世昌立即下令在自己的舰上升起旗帜，吸引敌舰。日舰包围过来，"致远"号受了重创，开始倾斜。

邓世昌感到最后时刻到了，对部下说："我们就是死，也要拿出大清海军的威风，报国的时刻到了！"他下令开足马力向日舰"吉野"号冲过去，要和它同归于尽。不幸的是，"致远"号被鱼雷击中，沉入海底。邓世昌同部下一起沉入大海，献出了宝贵的生命。

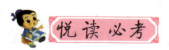

1. 读拼音，写词语。

tóng guī yú jìn   bào fā

（　　　　　） （　　　　）

2. 小朋友，你知道历史上还有哪些邓姓名人吗？

_____

　　"洪"姓主要有两个来源：一是上古炎帝之后共工的后代；二是以国为姓，西周时有个共国，共国国君的后代便以国名为姓，后来改为"洪"姓。

金田起义

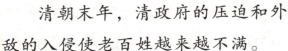

　　清朝末年，清政府的压迫和外敌的入侵使老百姓越来越不满。

　　1844年，洪秀全、冯云山创立了拜上帝会，秘密发展会众，带领老百姓与封建势力作斗争。

　　1849年前后，广西爆发了大饥荒，老百姓走投无路，纷纷起来造反。洪秀全见时机成熟，于1850年7月命各地会众到桂平金田村集合，

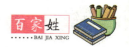

准备起义，很快就集中了一万多人。洪秀全按军事编制将会众组织起来，加以训练，组成太平军，并于1851年1月在金田宣布起义，建立太平天国。

此后的十几年间，太平天国起义军沉重地打击了清朝的统治。

 **悦读必考**

1. 读拼音，写词语。

    qǐ yì   mì mì   yā pò

  （   ）   （   ）   （   ）

2. "沉重"的近义词是＿＿＿＿＿，反义词是＿＿＿＿＿。（至少各写一个。）

3. 小朋友，你知道历史上还有哪些洪姓名人吗？

＿＿＿＿＿＿＿＿＿＿＿＿＿＿＿＿＿＿＿＿＿＿＿＿＿＿＿＿

＿＿＿＿＿＿＿＿＿＿＿＿＿＿＿＿＿＿＿＿＿＿＿＿＿＿＿＿

石

 **起源**

"石"姓主要有三个来源：一是出自"姬"姓，为春秋时卫国贤臣石碏的后代；二是出自"子"姓，为郑国大夫石癸和宋国大夫公子段的后代；三是他族改姓。

石碏大义灭亲

春秋时，卫国的州吁和石厚杀害了卫桓公，引起了百姓的不满，百姓要求惩处这两个杀人凶手。

石厚找到父亲石碏，想让他帮助自己逃跑。

石碏是卫国德高望重的大臣，他非常痛恨儿子的罪行，现在儿子找上门来，于是他心生一计，叫他俩去陈国找陈桓公寻求帮助。然后，石碏派人给陈国送信，说这两个人是杀害卫国国君的凶手，让陈国帮忙抓起来。

州吁和石厚刚到陈国，就被抓了起来。卫国派人杀了州吁，石碏也派家臣杀了石厚。每当老百姓提起这件事，都称赞石碏是"大义灭亲"。

悦读必考

1. 读拼音，写词语。

dà yì miè qīn　　　　　dé gāo wàng zhòng

（　　　　　）　　　（　　　　　　　）

2. 小朋友，你知道历史上还有哪些石姓名人吗？

_____

_____

崔

　　"崔"姓来源比较单一。西周时，齐国开国国君姜尚的孙子叫季子，本应该继承君位，却让位给了弟弟，自己则到封地崔邑去了，他的后代便以封地为姓。

人面桃花

　　崔护是唐朝著名的诗人，他有一首《题都城南庄》的诗广为流传。说起这首诗的创作，还有一个美丽的传说呢。

　　据说有一年清明节，崔护到长安城郊的南庄去踏青。走到一座开满桃花的农家院前，崔护觉得口渴，就向院子的主人讨了一碗水喝。院子里面一位美丽的姑娘为他端来一碗香茶，并热情地招待了他。

　　第二年清明节，崔护又独自来到南郊，却发现院门紧闭，姑娘不知到何处去了，只有桃花依旧盛开。于是他写下了"人面不知何处去，桃花依旧笑春风"的诗句。

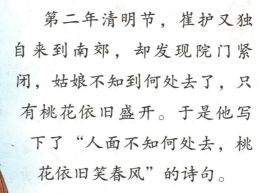

悦读必考

1. 根据课文填空。

人面不知_____去，桃花_____笑春风。

2. 小朋友，你还知道其他关于桃花的诗句吗？试着写一写，看谁写得多。

_____

_____

程

起源

　　"程"姓主要有四个来源：一是出自远古的"风"姓；二是出自商周之际伯符的后代；三是以封地为姓；四是出自"姬"姓。

悦读故事

程婴舍身救孤

　　春秋时，晋国奸臣屠岸贾鼓动晋景公杀害了赵朔全家。赵朔的妻子庄姬身怀有孕，因躲进宫中才幸免于难。

　　后来，庄姬生下一个男孩，赵家的门客程婴和公孙杵臼

决心保护这个孩子。程婴冒着生命危险将孩子偷着带出宫，把自己刚出生的孩子交给公孙杵臼，然后到屠岸贾那里举报公孙杵臼藏匿赵氏孤儿。于是，屠岸贾派兵杀死了公孙杵臼和婴儿。

国人都骂程婴是个大恶人，程婴忍着国人的谩骂，将赵氏孤儿抚养成人。最终，赵氏孤儿杀死屠岸贾，报了大仇。

 **悦 读 必 考**

1. 读词语，写拼音。

（　　　）　　　　　　（　　　）　　　　　　（　　　）

　幸免　　　　　　谩骂　　　　　　抚养

2. 小朋友，你知道历史上还有哪些程姓名人吗？

_____

起源

　　"邢"姓来源有三个：一是出自制礼作乐的周公姬旦的后裔；二是出自春秋时的晋国；三是少数民族有的改为"邢"姓。北魏氏族人、清朝满洲人、黎族拉海氏、蒙古

族等民族中均有改姓"邢"的。

邢进士遇盗

邢进士身材矮小，但是他生性滑稽幽默。

有一次，他在鄱阳县遇到了强盗。强盗搜去了他身上的钱财，因为怕他报复，于是决定杀死他以除后患。

强盗刚举起刀，邢进士便一本正经地对强盗说："人们都嫌我长得太矮，而称我邢矮子，官人你如果再砍去我的头，我不就更矮了吗？"

强盗听了，不自觉地大笑起来，于是把刀抛到一边，饶了他一命。

悦读必考

1. 在括号里填上一个词语，和画横线的词语形成反义词。

　　填空：他做什么事情都是（　　　　），从不三心二意。

2. 小朋友，你喜欢幽默的人吗？说说理由。

_____

_____

_____

陆

"陆"姓主要有三个来源：一是传说中颛顼帝的后代；二是以封地为姓；三是出自春秋时期的陆浑国。

火烧连营

三国时，关羽由于骄傲轻敌，丢了荆州，败走麦城，被孙权活捉斩首。

消息传到成都，刘备悲痛万分，他不顾诸葛亮等人的劝阻，亲自率领七十多万大军讨伐东吴。蜀军一路连战连胜，东吴朝野震惊，危难之际，孙权力排众议，大胆起用陆逊为都督，率军迎战蜀军。

陆逊深入分析了各方面情况，决定暂避蜀军锐气，坚守不战，等待

时机。同时，他发现蜀军依山傍林驻扎军队，决定采用火攻。一天夜里，陆逊趁着东南风命人放火，蜀军顿时大乱，相互践踏，死伤无数。刘备仓皇败走，后病死在白帝城。

 悦读必考

1. 根据文章内容填空。

   危难之际，孙权_____，大胆起用陆逊为都督，_____迎战蜀军。

2. 小朋友，你知道历史上还有哪些陆姓名人吗？

   _____

（段）

 **起源**

"段"姓主要有三个来源：一是出自"姬"姓，春秋时，共叔段的孙子为了避难，便以祖父的字为姓；二是出自复姓"段干"；三是出自辽西鲜卑族。

 **悦读故事**

老而好学

段玉裁是清代著名的文字学家和经学家。他热爱学习，活

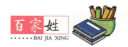

到老学到老，知识渊博，著作也很多。但段玉裁总觉得自己学问太少，没取得什么成就。

八十岁那年，他写了一篇自序，叹息光阴像流水一样一去不复返，并决心从此以后更加珍惜时光，多读书。他告诫子孙："一个人不要虚度年华，要惜时如金；只要不虚度年华，生命无论长短，都是有意义的。"

 悦读必考

1. 根据文章内容填空。

一个人不要_____，要_____；只要不_____，生命无论长短，都是有意义的。

2. 小朋友，你知道历史上还有哪些段姓名人吗？

_____

_____

武

 **起源**

"武"姓来源比较复杂：一是出自周平王的后代；二是出自夏代的武罗国；三是出自商王武丁的后代；四是出自汉朝武强王梁的后代。

武松打虎

《水浒传》里有个好汉叫武松。一次，他回老家看望哥哥，路过景阳冈时，正是中午。他走进一家酒店，要了些酒菜吃喝起来，不料喝醉了。

武松跌跌撞撞地走出酒店，店小二急忙追出去告诉他，前面景阳冈上有猛虎，最好跟别人结伴一起走。武松不听劝阻，满不在乎地继续向前走去。走了一会儿，由于酒力发作，武松在路边的一块大青石上躺下。刚要入睡，就发现从林中跳出来一只猛虎。武松毫不畏惧，与老虎展开了殊死搏斗，最终将老虎打死。

从此，武松成了家喻户晓的打虎英雄。

悦读必考

1. 照样子，写词语。

  跌跌撞撞（AABB）_____

2. "武松打虎"是《水浒传》中的经典故事，关于《水浒传》，你了解多少呢？请和小朋友一起分享吧。

_____

刘

"刘"姓主要有四个来源：一是帝尧曾封其子于刘地，依封地为姓；二是出自周定王赐给弟弟姬季子的封地；三是源于投降汉朝的秦末齐国将领刘到；四是源于赐姓或改姓。

刘恕苦读

刘恕是北宋著名的史学家，他自小就勤奋好学。由于家境贫寒，买不起书，他只能去别人家里借书来读。

一次，他得知学者宋次道家中藏书丰富，就专门跑去借阅。宋次道见他这么好学，就摆出酒宴招待他，刘恕却说："我不是来享受美酒佳肴的，这样只会耽误正事，请把酒菜撤走吧！"然后，他一头钻进书房，边读边抄，这样废寝忘食地坚持了十多天，直到把所需要的书全部读完、抄完。

由于学习刻苦，成年后的刘恕学识渊博，后来还辅助司马光编著了《资治通鉴》。

1. 请用"丰富"一词造句。

_____

_____

2. 小朋友，你知道历史上还有哪些刘姓名人吗？

_____

_____

　　"詹"姓主要有五个来源：一是出自"姬"姓，周宣王儿子的封国叫詹，他的后人就以詹为姓；二是黄帝后代中德高望重的詹氏的后代；三是以官职为姓，古代负责占卜的官叫詹尹，其后人便以官职为姓；四是以邑为姓氏，春秋时晋有詹嘉，郑有詹伯；五是出自少数民族的詹姓。

铁路先锋

　　清朝末年，清政府选送了一批少年出国留学，詹天佑便是其中一位。

他取得耶鲁大学土木工程系的学位以后回国，成为中国第一位铁路工程师。詹天佑决心用中国人的技术力量修建铁路。

1905年，詹天佑主持修建北京到张家口的铁路，他在很多技术环节上做了改进和革新，使京张铁路提前两年完工。京张铁路也是中国人自主设计修筑的第一条铁路。

悦读必考

1. 读拼音，写词语。

　　xiān fēng　　　　　gé xīn　　　　　zhǔ chí
　　（　　　　）　　　（　　　　）　　　（　　　　）

2. 小朋友，你知道历史上还有哪些詹姓名人吗？

_____

_____

叶

起源

　　"叶"姓主要有两个来源：一是出自"芈"姓；二是我国古代少数民族中的"叶"姓。

人穷志不穷的叶澄衷

清代末年的镇海人叶澄衷，是著名的宁波商团的先驱和领袖。他的一生充满了传奇。

据说，他年轻时非常贫穷，在上海的黄浦江中以撑船维生。有一次，他在撑船送一个洋人渡江时，捡到了许多金钱，可是，他人穷志不穷，拾金不昧，统统还给了那个洋人。那个洋人在感激和佩服之余，把他荐入上海的商界。他从头干起，勤俭自持，终于积资日厚，自立门户，一步步变成了巨富，在上海的商界颇享盛名。

叶澄衷出身寒微，成功之后，不但对地方公益及慈善事业慷慨捐助，毫不吝啬，而且还在光绪年间斥资创办了一所"澄衷学校"，设备完善，规模宏大，是中国独资创办私人学校的开始，难能可贵。

悦读必考

1. 小朋友，你知道历史上还有哪些叶姓名人吗？

   _____

2. 小朋友，叶澄衷人穷志不穷，拾金不昧，你认为他做得对吗？说说你的理由。

   _____

白

　　"白"姓来源比较复杂：一是出自《白氏族谱》延续至今；二是源于上古，为炎帝大臣白阜的后代；三是出自"芈"姓，为楚国白公胜的后代；四是以地名为姓。

 悦读故事

白居易作诗

　　白居易是唐朝有名的大诗人，他小时候就很聪明，五六岁时便能写诗，读书学习都很勤奋。成年以后，白居易来到长安，得到著名诗人顾况的赏识。在他的帮助下，白居易声名大振。

　　白居易写诗有个习惯，他写好诗后，不但自己改，还广泛听取别人的意见。据说，白居易每写成一首诗，都先读给街边的老阿婆听。如果老阿婆听不懂，他就会立即进行修改，或者重写。这样，白居易的诗通俗易懂，深受老百姓的喜爱。

 悦读必考

1. 小朋友，你知道历史上还有哪些白姓名人吗？

2. 小朋友，你学过白居易的诗吗？请你写一写。

_____

_____

"翟"姓主要有两个来源：一是以国名为姓；二是出自祁姓，是黄帝的后代。

瓦岗起义

翟让是隋朝末年瓦岗起义早期的首领。他本来是东郡的一个小官，因为得罪了上司，被关进了监狱。后来，翟让逃出监狱，来到瓦岗寨召集了一些贫苦农民，组织了一支起义队伍。其中有一个叫徐世绩的青年，武艺高强，很有计谋。

徐世绩说："这

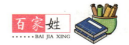

里附近都是贫苦的老乡，我们不应该去打扰他们。我看荥阳一带，来往的豪门富商很多，不如到那里去筹办点钱粮。"

翟让听从了徐世绩的意见，带领农民军到荥阳一带，专门打劫官府富商，夺取大批财物分给穷人。

附近来投奔翟让的农民越来越多，起义军很快发展壮大起来。

1. 读拼音，写词语。

    dǎ rǎo   duó qǔ   tóu bèn

  （   ）   （   ）   （   ）

2. "贫苦"的近义词是_____，反义词是_____。

3. 小朋友，你知道历史上还有哪些翟姓名人吗？

_____

谭

起源

    "谭"姓来源有三个：一是出自"姒"姓，周朝时，"姒"姓的一支被封在谭国，谭国后来被齐国灭掉，后人就以原国名为姓；二是出自古代西南少数民族；三是因避讳改姓谭。

抗倭名将谭纶

谭纶是明朝的抗倭名将。明朝时，一些日本海盗经常集结在一起骚扰我国东南沿海边境，人们把他们称为倭寇。

后来，嘉靖皇帝任命谭纶为福建巡抚，剿灭倭寇。谭纶到任后，率领俞大猷、戚继光和刘显等将领收复了倭寇据为巢穴的平海卫（今福建莆田东南）。

此后，谭纶又下令整顿海防，建立水寨，督造战船，扼守海口，并在沿海各县建立了战守合一的地方武装。经过多年的征战，谭纶基本上肃清了福建的倭乱。

悦读必考

1. 你知道历史上还有哪些谭姓名人吗？

　　_____

　　_____

2. 小朋友，你还知道历史上哪些抗倭名将的事迹？请你讲
　 一讲。

　　_____

　　_____

　　_____

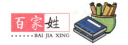

司马

"司马"复姓主要有两个来源：一是源自西周时的官职，那时有个叫程伯休父的人，官至司马。后来，他立了大功，周宣王允许他以官职为姓；二是他族改姓司马。

悦读故事

司马光砸缸

司马光从小就聪明过人，人称"小神童"。

有一天，司马光和同伴们在花园里玩捉迷藏，一个小孩儿不小心掉进了一口大水缸中。水缸很深，孩子们个子都很小，没办法救他。

眼看那个孩子就要被淹死在水缸里了。这时，司马光急中生智，他从院子里搬来一块大石头，猛地向缸底砸去。水缸被砸破了，缸里的水流了出来，那个孩子得救了。

这次偶然的事件使司马光出了名，他砸缸救人的事情，广泛流传。

悦读必考

1. 小朋友，你知道历史上还有哪些司马姓名人吗？

_____

2. 小朋友，你遇到过小伙伴遇险的事情吗？你是怎么做的？

_____

_____

起源

　　"诸葛"复姓源自汉代。汉朝时，有个叫葛丰的人被封在诸地，人们都叫他诸葛丰，诸葛丰的后人便世代姓诸葛了。

悦读故事

草船借箭

　　三国时期，孙权和刘备联合起来，率大军与曹操在赤壁对战。诸葛亮也来到东吴，商量怎么对付曹操。东吴的都督周瑜很嫉妒诸葛亮的才华，总想方设法除掉他。

　　一天，周瑜让诸葛亮十天之内造出十万支箭，哪知诸葛亮说只要三天。

这天晚上天降大雾，诸葛亮坐在扎满草人的船上，一边与鲁肃饮酒，一边命士兵擂鼓，向曹营进发。

曹操以为孙刘联军来劫营，不敢贸然出战，便命人开弓放箭，哪知射出去的箭都插在了草人的身上。

诸葛亮就用这种办法，一夜之间从曹操那里"借"到了十万多支箭。

周瑜感慨地说："诸葛亮神机妙算，我不如他。"

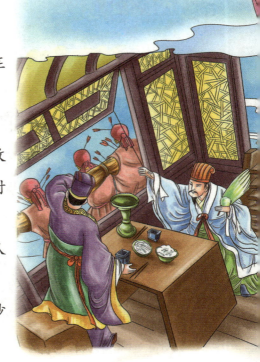

![悦读必考]

1. 按照课文填空。

周瑜_____地说："诸葛亮_____，我不如他。"

2. 小朋友，你知道历史上还有哪些诸葛姓名人吗？

_____

_____

配 套 试 题

试 卷 一

一、看拼音，写汉字。

zhù zhā	lián hé	xiào zhōng	lí míng
（　　　）	（　　　）	（　　　）	（　　　）

zhèng quán	bǎo yòu	wěn gù	jí wèi
（　　　）	（　　　）	（　　　）	（　　　）

二、写出带有同一偏旁的字。

林（　　　）（　　　）　　　　他（　　　）（　　　）

清（　　　）（　　　）　　　　苗（　　　）（　　　）

挂（　　　）（　　　）　　　　祖（　　　）（　　　）

三、比一比，再组词。

嫉（　　　　）　　　　艰（　　　　）
疾（　　　　）　　　　很（　　　　）

遭（　　　　）　　　　炼（　　　　）
糟（　　　　）　　　　练（　　　　）

磨（　　　　）　　　　倚（　　　　）
摩（　　　　）　　　　骑（　　　　）

资（　　　　）　　　　援（　　　　）
姿（　　　　）　　　　缓（　　　　）

四、连线组词。

1.
揣　　　　　　求
恳　　　　　　摩
摸　　　　　　著
显　　　　　　索

2.
无恶　　　　　　中外
足智　　　　　　阴违
阳奉　　　　　　多谋
闻名　　　　　　不作

五、补充成语。

烧杀_____　　　　按兵_____　　　　_____阵脚　　　　_____人静

无地_____　　　　_____伟绩　　　　_____不懈　　　　置若_____

六、解释下面加点词语的意思。

1. 小明家里很穷，衣服上有很多补丁，因此班上有几个同学老是讥笑他。

讥笑：_____

2. 去敬老院的路很远，而且天又下起了大雨，但是同学们仍然坚持走到了那里。

坚持：_____

3. 王县长为官清廉，时刻想着解决老百姓的困难，深受大家的爱戴。

爱戴：_____

七、选词填空。

　　　　　惭愧　　　　显著　　　　绞尽脑汁

1. 王军一不小心把王玲的课本弄湿了，但是王玲并没有责怪他，他心里很（　　　）。

2. 这道数学题的确很难，就连平时成绩很好的张华也是（　　　）才做出来。

3. 我们工厂改进了工作方法之后，在产品的生产中取得了（　　　）的成果。

八、按要求改写句子。

1. 你难道不知道这样做是非常危险的吗？（改为陈述句）

＿＿＿＿＿＿＿＿＿＿＿＿＿＿＿＿＿＿＿＿＿＿＿＿

2. 刘佳的身体不舒服，被她爸爸送到了医院。（改为"把"字句）

＿＿＿＿＿＿＿＿＿＿＿＿＿＿＿＿＿＿＿＿＿＿＿＿

九、作文。

　　今天有哪一件事让你感觉印象非常深刻？请用自己的语言写出来。

　　要求：题目自选，格式正确，语句通顺，内容具体生动，不少于300字。

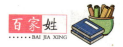

试 卷 二

一、给下列词语注音。

（　　　　）　　（　　　　）　　（　　　　）　　（　　　　）
　　顽强　　　　　召集　　　　　茂密　　　　　狼狈

（　　　　）　　（　　　　）　　（　　　　）　　（　　　　）
　　推举　　　　　均匀　　　　　感慨　　　　　辅佐

二、给下列多音字组词。

省 ⎰ shěng（　　　　）
　　⎱ xǐng （　　　　）

降 ⎰ jiàng（　　　　）
　　⎱ xiáng（　　　　）

行 ⎰ háng（　　　　）
　　⎱ xíng（　　　　）

校 ⎰ xiào（　　　　）
　　⎱ jiào（　　　　）

三、请将不是同类的词语划掉。

1. 玫瑰　　　夜来香　　　牡丹　　　马齿苋
2. 桌子　　　凳子　　　　房子　　　椅子
3. 瓷碗　　　汤水　　　　面盆　　　勺子

四、写出下列词语的近义词和反义词。

信赖：近义词（　　　　）　　反义词（　　　　）

傲慢：近义词（　　　　）　　反义词（　　　　）

贫寒：近义词（　　　　）　　反义词（　　　　）

高明：近义词（　　　　）　　反义词（　　　　）

五、选择关联词填空。

既然……就……　　　　虽然……但是……

1. 小红（　　　　）生病了，（　　　　）她仍然坚持要到学校上课。

2. （　　　　）法庭宣布王磊无罪，那（　　　　）把他释放了吧！

六、解释下列成语。

1. 栩栩如生：_____

2. 活灵活现：_____

3. 迫不得已：_____

4. 目瞪口呆：_____

七、仿写句子。

1. 放学了，小花一边欣赏路边的风景，一边唱着刚学的歌儿。

_____

2. 当海潮越来越大的时候，岸上观潮的人们却越来越兴奋。

_____

八、修改病句。

1. 陈静家的小狗跑到了大街上，把陈静喊回了家。

_____

2. 不管天气十分炎热，大家还是坚持锻炼身体。

_____

九、作文。

以"我的爸爸"为题目，写一篇作文。

要求：语句通顺，字体工整，格式正确，不少于300字。

附录

《百家姓》全文

　　北宋初年问世的《百家姓》是我国流行时间最长、最广的一种启蒙教材，共收入中华姓氏单姓408个，复姓30个。本书将其附录附在书末，以飨读者。

赵钱孙李	周吴郑王	冯陈褚卫	蒋沈韩杨
朱秦尤许	何吕施张	孔曹严华	金魏陶姜
戚谢邹喻	柏水窦章	云苏潘葛	奚范彭郎
鲁韦昌马	苗凤花方	俞任袁柳	酆鲍史唐
费廉岑薛	雷贺倪汤	滕殷罗毕	郝邬安常
乐于时傅	皮卞齐康	伍余元卜	顾孟平黄
和穆萧尹	姚邵湛汪	祁毛禹狄	米贝明臧
计伏成戴	谈宋茅庞	熊纪舒屈	项祝董梁
杜阮蓝闵	席季麻强	贾路娄危	江童颜郭
梅盛林刁	钟徐邱骆	高夏蔡田	樊胡凌霍
虞万支柯	昝管卢莫	经房裘缪	干解应宗
丁宣贲邓	郁单杭洪	包诸左石	崔吉钮龚

程嵇邢滑　　裴陆荣翁　　荀羊於惠　　甄曲家封
芮羿储靳　　汲邴糜松　　井段富巫　　乌焦巴弓
牧隗山谷　　车侯宓蓬　　全郗班仰　　秋仲伊宫
宁仇栾暴　　甘钭厉戎　　祖武符刘　　景詹束龙
叶幸司韶　　郏黎蓟薄　　印宿白怀　　蒲邰从鄂
索咸籍赖　　卓蔺屠蒙　　池乔阴郁　　胥能苍双
闻莘党翟　　谭贡劳逄　　姬申扶堵　　冉宰郦雍
郤璩桑桂　　濮牛寿通　　边扈燕冀　　郏浦尚农
温别庄晏　　柴瞿阎充　　慕连茹习　　宦艾鱼容
向古易慎　　戈廖庾终　　暨居衡步　　都耿满弘
匡国文寇　　广禄阙东　　欧殳沃利　　蔚越夔隆
师巩厍聂　　晁勾敖融　　冷訾辛阚　　那简饶空
曾毋沙乜　　养鞠须丰　　巢关蒯相　　查后荆红
游竺权逯　　盖益桓公　　万俟司马　　上官欧阳
夏侯诸葛　　闻人东方　　赫连皇甫　　尉迟公羊
澹台公冶　　宗政濮阳　　淳于单于　　太叔申屠
公孙仲孙　　轩辕令狐　　钟离宇文　　长孙慕容
司徒司空

参考答案

赵

1.有勇有谋 信任 2.战国时的平原君赵胜，著名军事将领赵奢；三国时的蜀汉名将赵云；抗日战争时期的抗日英雄赵一曼。

钱

1.大势已去 2.唐代著名诗人钱起；北宋诗人钱惟演；近现代文字学家钱玄同；著名科学家钱学森、钱伟长和钱三强等。

孙

1.zāo yù 2.春秋战国时期著有《孙子兵法》的孙武；有三国魏时的著名经学家、训诂学家孙炎；还有孙坚、孙策、孙权父子三人；现代有伟大的民主革命家孙中山。

李

1.磨砺 2.略。

周

1.富强、强大 衰弱、衰微 2.北宋时的著名哲学家周敦颐，著名词人周邦彦；近代有被誉为伟大的无产阶级文学家、思想家和革命家的周树人（鲁迅）；还有伟大的无产阶级革命家、新中国第一任总理周恩来等。

吴

1.名门望族 天资 渊博 2.略。

郑

1.指战败了的部队 2.战国末有水利家郑国，由他主持开凿的"郑国渠"长达150千米；东汉有经学集大成者郑玄；明代有航海家郑和，曾七下"西洋"；清代有杰出的书画家、文学家郑板桥。

王

1.chuǎi mó 反复地思考、猜测、推敲 2.东汉有思想家、哲学家、无神论者王充；唐代有著名诗人王勃、王维；宋代有政治家王安石；元代有戏剧家王实甫；明代有哲学家王守仁；清代有思想家王夫之；近代有著名学者王国维等。

冯

1.顽强 召集 茂密 2.略。

陈

1.足智多谋 屡次 辅佐 2.西晋有著名史学家陈寿，著有《三国志》；在近代，有清末民主革命的先驱者陈天华，著有《警世钟》《猛回头》；现代有无产阶级革命家、中华人民共和国元帅陈毅等。

褚

1.jiàn 指辨别并确定事物的真伪、优劣等 2.历史上褚姓名人并不多，在西汉时期，有一个历史学家叫褚少孙，曾对司马迁的《史记》进行过补写工作。

卫

1.欣赏　2.战国时秦国的丞相卫鞅。

将

1.谦虚（谦敬、谦逊）　傲慢（骄横、怠慢、骄傲）　2.略。

沈

1.花费　勤奋　观测　2.家喻户晓、妇孺皆知 、闻名遐迩、 名扬四海

韩

1.按兵不动　采纳　2.战国时期有著名思想家韩非；唐代有著名文学家韩愈；宋代有著名政治家韩琦等。

杨

1.没有地方可以让自己容身　2.隋代有开国皇帝杨坚；唐代有杨炎、杨国忠等十一位宰相；北宋有名将杨业世家；南宋有诗人杨万里；现代有国民党爱国将领杨虎城，东北抗日联军领导人杨靖宇等。

朱

1.战国时有勇士朱亥；南宋有著名学者朱熹；明代有开国皇帝朱元璋；现代有文学家朱自清，无产阶级革命家、政治家、军事家、中华人民共和国元帅朱德等。2.略。

秦

1.略。　2.唐代有大将秦琼，宋代有词人秦观。事迹略。

许

1.略。　2.略。

何

1.清廉　爱戴　2.略。

吕

1.说话。　2.汉代有汉高祖刘邦的皇后吕雉，人称吕后，曾辅佐刘邦平定天下，公元前195年刘邦死后代理朝政；东汉末年有名将吕布，力大无穷，时称"飞将"，为一代枭雄；三国时有东吴名将吕蒙，是个文武双全的人物。

施

1.才华横溢　多指文学艺术方面而言，很有才华　2.汉代有学者施仇；唐代有诗人施肩吾；明末有著名将领施琅。

张

1.栩栩如生　活灵活现　2.略。

孔

1.hōng yǎ lián　2.春秋时期有著名的思想家、教育家孔子；唐代有经学家孔颖达；清代有戏曲作家孔尚任。

曹

1.称赞　认可　2.略。

严

1.负担　2.略。

华

1.药到病除　2.除了东汉末期名医华佗外，华

姓最有名的应属我国现代著名数学家华罗庚了，他被誉为"中国现代数学之父"。

魏

1.沉默寡言　2.战国时有魏无忌（信陵君）；三国时有名将魏延；唐代有名臣魏征。

陶

1.一起做坏事　2.东晋时期有名将陶侃；南朝齐、梁时期有道教思想家、文学家陶弘景；现代有伟大的教育家陶行知。

姜

1.略。　2.略。

谢

1.对付对方　2.东晋谢安，孝武帝时位至宰相；南朝著名画家、文学家谢灵运，开创了文学史上的山水诗派。

鲁

1.mó　mò　石磨　2.略。

苏

1.疲乏　困倦　2.碌碌无为、头头是道、比比皆是、津津有味

葛

1.无惧　胆怯　2.葛洪，为西晋医学家、道学家；葛书思，是宋代有名的孝子；葛胜仲，则是宋代名臣。

范

1.景仰　2.春秋后期越国有政治家范蠡；战国时

秦有相国范雎；秦末楚霸王项羽有谋臣范增；南朝宋有史学家范晔；宋代有诗人范成大；明末有戏曲家范文若；清初有太傅范文程。

彭

1.部下　2.汉代著名将领彭越；现代有无产阶级革命家、军事家、中华人民共和国元帅彭德怀。

马

1.略。　3.三国时有名将马超；五代有楚国的建立者马殷；元代有被称为"元曲四大家"之一的马致远；清末有语言学家马建忠；近现代有散文家马其旭。

方

1.轮流　有利可图　平庸　2.略。

袁

1.远　近　2.东汉诸侯袁绍、袁术；晋代有文学家袁宏；唐代有宰相袁智弘；明代有文学家袁宗道，军事家袁崇焕。

柳

1.龙飞凤舞：形容书法笔势有力，灵活舒展；力透纸背：形容书法刚劲有力，笔锋简直要透到纸张背面。　2.唐代除了柳公权外，还有"唐宋八大家"之一的柳宗元；宋代有著名词人柳永。

唐

1.B　2.历史上唐姓人才辈出，战国时有魏大夫唐雎；唐代时有宰相唐休璟。

薛

1.赫赫有名　一马当先　2.战国末期为楚令尹的薛倪；以剑术而闻名秦国的薛烛，辅佐刘邦平定天下、位居汉初十八位侯爵中的薛欧；隋朝大诗人薛道衡；宋代的大学者薛尚功、薛季宣，书法家薛绍彭等。

贺

1.十分谦虚，能容纳别人的意见　2.三国时吴有大将军贺齐，中书令贺邵；宋代有诗人贺铸；清代有总督贺长龄；现代有无产阶级革命家、军事家、中华人民共和国元帅贺龙。

罗

1.堆积如山　2.略。

于

1.②　①　2.西汉的于公，以善于断案而成名；明代有文学家于慎行，他的诗文弘丽，备受时人推崇。

顾

1.自满　敬佩　2.东晋有著名画家顾恺之；南朝有著名画家顾宝光、顾景秀；五代南唐有著名画家顾闳中；唐朝有著名诗人顾况。

孟

1.B　A　2.略。

黄

1.势不可挡　投靠　2.北宋有著名的文学家、书法家黄庭坚；元代有著名的棉纺织革新家黄道婆。

姚

1.离开家乡到外地去工作或干事。　2.三国时吴国有精于天文易数之学的姚信；唐初有编纂了《梁书》《陈书》的史学家姚思廉；明代有官至太子少师的姚广孝，为《永乐大典》的编修官。

毛

1.略。　2.西汉学者毛亨，相传为"毛诗学"的开创者；明代有著名藏书家毛晋；现代有伟大领袖毛泽东。

戴

1.刨根问底　坚持　2.东晋有学者、雕塑家和画家兼于一身的戴逵；元代有文学家戴表元；清代有史学家戴名世。

宋

1.恍然大悟　2.战国时有以辞赋著称的宋玉；唐代有大诗人宋之问；宋代有文学家宋祁；明代有科学家宋应星；现代有革命党领袖之一的宋教仁，中华人民共和国副主席、孙中山夫人宋庆龄。

屈

1.学问广博精深，有多方面的才能。　2.春秋时期楚国大夫屈建；战国时期秦国左丞相屈盖；清代文学家屈复、屈大均等。

项

1.fǔ　比喻决一死战　2.唐代有诗人项斯；元代有诗人项炯、名医项昕；明代有文学家、书法家项元淇，画家项圣谟，女诗人项兰贞。

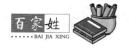

董

1.功夫不负有心人 2.意思是说只要用心去做一件事，就会取得成功。

梁

1.模范 2.东汉时有大书法家梁鹄；唐代有文学家梁肃；南宋有女将梁红玉，抗金义军首领梁兴，画家梁楷；清代有诗人梁佩兰；近现代有资产阶级改良主义者、维新变法倡导者梁启超。

杜

1.自由散漫 随心所欲 2.秦时有大将军杜赫；唐朝有被称为"小杜"的杜牧及他的儿子杜荀鹤；明朝有画家杜琼；清代有云南回民起义首领杜文秀，诗人杜濬。

贾

1.僧敲月下门 2.西汉杰出的政论家、文学家贾谊，著有《过秦论》；北魏时期农学家贾思勰，他著有我国农业生产史上最有科学价值的农书《齐民要术》。

江

1.渊博 附近 2.南朝文学家江淹；清代有著名经学家、音韵学家江永和江藩。

郭

1.出色、突出、非凡等 平凡、平庸、普通等 2.战国时代燕国大臣郭隗；三国时有曹操的谋士郭嘉，他多谋善战，屡建奇功，官渡之战使他名声大振；唐朝有名将郭子仪，他平息安史之乱有功，被封为汾阳王；现代有文学家郭沫若。

梅

1.奇怪 感受 2.现代著名京剧表演艺术家梅兰芳。

林

1.伤害、损害、侵害等 严格、严肃 2.北宋诗人林逋；南宋诗人林升；现代享誉海内外的文化名人林语堂。

徐

1.轻易、轻松 灵活、机敏 称道、赞扬 2.汉末哲学家、文学家徐幹；北宋有文学家徐铉；明代有名将徐达，科学家徐光启，旅行家徐霞客等；现代有诗人徐志摩，画家徐悲鸿，无产阶级革命家、教育家徐特立。

蔡

1.拜访 仰慕 迎接 2.战国时秦有相国蔡泽；东汉有发明造纸术的蔡伦，才女蔡文姬；唐代有太子洗马蔡元恭；北宋有杰出的书法家蔡襄；现代有在云南组织护国军起兵讨伐袁世凯的著名军事家蔡锷，教育家蔡元培。

田

1.是指趁着胜利的形势继续追击敌人，扩大战果。 2.战国时期齐国大臣田文，大将田忌；南北朝有著名画家田僧亮；元末有农民起义首领田丰；清代有书法家田锡田。

胡

1.高高兴兴、快快乐乐、和和美美、团团圆圆、确确实实等 2.汉初守军正丞胡建；北宋初期学者、教育家胡瑗，著名学者胡安国；宋元之际的史学家胡三省；明代丞相胡惟庸。

万

1.博学多才、见多识广、雄才大略 2.隋代有音乐家万宝常；明代有医学家万全，武将万表；清代有画家万寿祺、万川，词曲家万树，经学家万斯大。

宗

1.半壁：半边；江山：比喻国家疆土。 2.三国时蜀汉将军宗预；南朝宋国画家宗炳；唐代宰相宗楚客；明代稽勋员外郎宗臣。

丁

1.血战到底 2.秦末项羽有部将丁固；汉代有大儒丁恭；清代有山东巡抚丁宝桢。

邓

1.同归于尽 爆发 2.战国时郑国大夫邓析；三国时魏国镇西将军邓艾；清代杰出书法家、篆刻家邓石如；早期无产阶级革命家邓恩铭、邓子恢、邓中夏、邓仕均。

洪

1.起义 秘密 压迫 2.笨重、繁重 轻松 3.宋朝时有"宋之苏武"美誉的洪皓。

石

1.大义灭亲 德高望重 2.战国时魏国有天文学家石申夫；东晋时有建立了赵国的石勒；五代时有建立后晋的石敬瑭；宋代有名将石守信，经学家石介，词人石延年；元代有宰相石天麟，戏曲家石君宝；清代有著名画家石涛，医学家石带南。

崔

1.何处 依旧 2.略。

程

1.xìng miǎn màn mà fǔ yǎng 2.秦代有文学家程邈；三国时吴国有荡寇将军程普；唐代有卢国公程咬金，宰相程异；宋代有理学家程颐、程颢；明代有文学家程敏政，著名诗人、画家程嘉燧；清代有书画家程正揆，著名京剧演员程长庚。

邢

1.一心一意、专心致志、聚精会神 2.略。

陆

1.力排众议 率军 2.唐代著名的茶道专家，人称"茶神"的陆羽；南宋时著名的爱国诗人陆游。

段

1.虚度年华 惜时如金 虚度年华 2.战国时韩国有大夫段规；北齐有宰相、平原忠武王段韶；唐代有宰相段文昌；现代有曾任民国总理的段祺瑞。

武

1.干干净净、整整齐齐、明明白白、清清楚楚、勤勤恳恳 2.略。

刘

1.略。 2.历代刘姓人中，第一位的是刘邦，他建立了西汉，之后刘秀建立东汉；西汉有淮南王刘安；南朝有文学理论批评家刘勰；三国时期刘备建立蜀国；唐代有诗人刘禹锡；元代有理学家、诗人刘因；明代有大臣刘基。

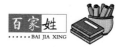

詹

1.先锋　革新　主持　2.战国时楚国术士詹何；唐末诗人詹雄；北宋时名士詹先野；元末明初的理学家、文学家詹凤翔；清代易学家、书画家詹天宠。

叶

1.汉代有光禄大夫叶望；南宋有著名的哲学家、思想家叶適，著名文学家叶梦得；明代有文学家叶绍袤；清代有著名画家叶欣，文学家叶燮（xiè）；现代著名作家、教育家叶圣陶。　2.略。

白

1.战国时秦国有被封为武安君的名将白起；唐代有文学家白行简；元代有"元曲四大家"之一的白朴；清代有书法家白云上。　2.略。

翟

1.打扰　夺取　投奔　2.贫穷　富裕　3.西汉时宰相翟方进；明代大臣翟銮；清代学者翟灏。

谭

1.战国时期有名士谭夫吾；宋代有文学家谭元春；清末有改良派政治家、思想家、"戊戌六君子"之一的谭嗣同；当代有"五四"运动主要领导人之一谭平山。　2.略。

司马

1.西汉时著名的史学家司马谈、司马迁父子；西汉辞赋家司马相如；东汉末年的"水镜先生"司马徽；三国时期的魏国权臣司马懿、司马师和司马昭等。　2.略。

诸葛

1.感慨　神机妙算　2.西汉有司隶校尉诸葛丰；东吴有谋士诸葛瑾；唐代有检校司空诸葛爽；宋代有制笔名家诸葛高。

配套试题

试卷一

一、驻扎　联合　效忠　黎明　政权　保佑　稳固　即位　二、略。　三、略。　四、1.揣——摩　恳——求　摸——索　显——著　2.无恶——不作　足智——多谋　阳奉——阴违　闻名——中外　五、抢掠　不动　大乱　夜深　自容　丰功　坚持　罔闻　六、1.嘲笑，看不起的意思。　2.坚持：坚决保持住或进行下去。　3.敬爱并且拥护。　七、1.惭愧　2.绞尽脑汁　3.显著　八、1.你应当知道这样做是非常危险的。　2.刘佳的爸爸把身体不舒服的她送到了医院。　九、略。

试卷二

一、wán qiáng　zhào jí　mào mì　láng bèi　tuī jǔ　jūn yún　gǎn kǎi　fǔ zuǒ　二、略。　三、1.马齿苋　2.房子　3.汤水　四、略。　五、1.虽然……但是……　2.既然……就……　六、1.指艺术形象非常逼真，如同活的一样。　2.形容神情逼真，使人感到好像亲眼看到一般。　3.被逼得不得不这样做。　4.形容因吃惊或害怕而发愣、发傻的样子。　七、略。　八、1.陈静家的小狗跑到了大街上，被陈静喊回了家。　2.尽管天气十分炎热，大家还是坚持锻炼身体。　九、略。